JN064452

民事保全・証拠保全等 プラクティス

東京簡易裁判所判事 恩 田 剛 著

司 法 協 会

推薦の言葉

　私が東京簡易裁判所で民事調停担当として勤務していた平成 21 年
春ころ，恩田判事が短期間ですが調停を担当されたことから，懇意に
していただき今日に至っています。その調停係では，私の提案で調停
委員の皆さんと日常生起する法律問題について年間を通じて勉強会を
企画実践しており，恩田判事には借地借家法問題を担当していただき
ましたが，その解説は，係に止まらず，全国の皆さんの参考にしてい
ただきたいということで調停時報に掲載されました（調停時報 174
号）。恩田判事は勤勉かつ研究熱心で本書もその成果といえます。

　さて，本書は，民事保全及び証拠保全を中心に訴え提起前の和解や
意思表示の公示送達等まで相当幅広く実務上の問題を取り上げていま
す。民事保全と証拠保全は，訴え提起前に証拠収集手続により迅速で
充実した本案訴訟の審理を行なうとともに判決の実効性を確保するた
めの手続ですが，民事保全は，特有の制度と性質があるとして，その
基本事項を整理確認するとともに，実際の現場で問題となった事例等
について実務上の解決策を示しています。例えば，自動車の引渡断行
仮処分でも，その必要性判断では下取価格を基準とするが，担保の算
定には債務者の損害を考慮すると再調達価格（小売価格）が妥当とし，
また，最初の債権仮差押えによって被担保債権に満たない場合は，第
2，第3の仮差押えを行なうことが許されるが，それが具体的にどの
ように運用されるのか，その場合の解放金はどうなるかなどにも言及
されています。

　証拠保全についても，それが紛争の早期解決機能や審理充実に資す
る効果が期待できる反面，乱用的な申立ての助長に止まらず，訴訟の

公平・中立性を損なうおそれもあり，著者が裁判所に提起される民事保全や証拠保全等の実際の事件について考え悩みながら解決されてきた日常の貴重な体験を通じて得られた成果をもとに適切かつ平易に解説されています。しかも，本書には，未払賃金，長時間労働・いじめ・ハラスメント等による安全配慮義務違反，新型コロナウィルス感染症による支払不能，イノベーション分野における株式譲渡等，医療過誤事件における電子カルテの取扱等の，「働き方改革関連法」「労働施策総合推進法」等やコロナ問題に係る今日的問題が取り上げられるとともに，法的なものの見方や考え方も示されるなど，極めて示唆に富む内容といえます。

　そして，豊富に引用された判例は，この解説の理解を深め容易にさせるばかりか，実務の水準を示してくれています。このような解説書ですので学者，法曹はじめ，裁判・法律実務に携わる方々には日常業務を遂行される上で参考になるというに止まらず，法学部の学生や法曹を目指す法科大学院生等の方々も含め，法律的なものの見方や考え方を養う上で極めて有益な材料を提供してくれるものと言えます。すなわち，紛争の実態を知るとともに，法がどのように機能するか容易に理解されるでしょう。本書を広くお薦めする所以であります。

　令和3年3月

元　横浜家庭裁判所長

現　一般社団法人ILC理事長・弁護士

八　束　和　廣

は　し　が　き

　今般，司法協会から「民事保全・証拠保全等プラクティス」を出版させていただきました。

　本書は，司法協会からのご依頼をいただき，民事保全，証拠保全等につきまして，私が民事保全・証拠保全等を担当した裁判官として，実際に経験したことを踏まえて，一問一答形式で，できる限り分かり易く解説を試みたものです。

　昨年，世界的な猛威を振るい人類をしてパンデミックを宣言せしめた新型コロナウイルスは,社会経済に大きな混乱と打撃を与えました。そして，令和３年に入った本年もなお，ワクチン接種の開始など明るい兆しが見えつつも，変異株が発生するなどして一進一退の攻防を繰り返し，我々を苦しめ続けています。

　こうした状況下において，今後，法人個人を問わず，感染症対策による経済的打撃，これに起因する債権回収等に関連する事案，雇用情勢の悪化に伴う解雇・賃金不払い等の個別労働事件等の漸増は必至であることが予想されます。はたまた，あるいは，医療逼迫等を遠因とした医療過誤事案等も増えてくるかも知れません。いずれにしても，こうした現下の状況においては，訴訟に移行する事案も少なくなく，そうした訴訟の前哨戦ともいえる民事保全や証拠保全は，これまで以上に益々もってその位置付けや役割において重要性が増してくるものと思われます。

　そこで，本書におきましては，民事保全，証拠保全等に関し，基本事項を再確認するとともに，従来からある古くて新しい問題の整理，さらには，実際の現場で問題になったことなども踏まえ実務的な解決

策を模索した結果などについても，積極的に取り上げることとしました。

　また，本書では，類書ではあまり見られない訴え提起前の和解，意思表示の公示送達，公示催告，控訴に伴う強制執行停止についても若干の問題を取り上げております。

　もとより，私の力量不足から，どこまで解説ができたかは真に心許ないところではありますが，日々の各種事件処理等に，少しでもお役に立てていただければ，筆者としてはこれに優る喜びはありません。

　なお，本書の解説中，意見にわたる部分については，筆者の個人的な見解であることをお断りしておきます。

　最後になりましたが，本書の出版に当たり，元横浜家庭裁判所長，現一般社団法人ＩＬＣ理事長・弁護士の八束和廣先生から，身に余る推薦のお言葉を頂くともに，八束先生のほかに，武蔵野簡易裁判所の井上修一裁判官，宇都宮地方裁判所の深谷昌司執行官より，それぞれのお立場からみた貴重なご意見，ご助言を賜りました。

　この場をお借りして感謝申し上げたいと思います。

　令和３年３月

　　　　　　　　　　　東京簡易裁判所判事　　恩　田　　剛

参 考 文 献, 凡 例

【参考文献】

　本書の執筆に当たり，本文中に逐一引用を示すことはできませんでしたが，主に以下の文献を参考にさせていただきました。

・新版注釈民法(1)〜(28)（有斐閣）
・コンメンタール民事訴訟法Ⅰ〜Ⅶ（日本評論社）
・全訂民事訴訟法Ⅰ〜Ⅲ　補訂版　菊井維大・村松俊夫著（日本評論社）
・エッセンシャル・コンメンタール民事保全法　瀬木比呂志監修（判例タイムズ社）
・詳論民事保全の理論と実務　東京地裁保全研究会（判例タイムズ社）
・民事保全の実務　上下　第3版増補版　八木一洋，関述之著（きんざい）
・民事保全法の理論と実務　上下　三宅弘人ほか著（ぎょうせい）
・民事保全の理論と実務　三好一幸（司法協会）
・全訂6版書式民事保全の実務　松本利幸，古谷健二郎編（民事法研究会）
・ほうそう講座　民事保全法（法曹会）
・例題解説　保全処分の実務（一），（二）（法曹会）
・新版証拠保全の実務　森冨義明ほか著（きんざい）
・第7版意思表示の公示送達・公示催告・証拠保全の実務　園部厚著（民事法研究会）

- 株式会社法第7版　江頭憲治郎（有斐閣）
- 逐条解説　非訟事件手続法　金子修編著（商事法務）
- 簡裁民事ハンドブック①＜通常訴訟編＞近藤基著(民事法研究会)
- 簡裁民事ハンドブック④＜民事保全編＞近藤基著(民事法研究会)
- 書記官事務を中心とした和解条項に関する実証的研究（法曹会）
- 改訂版和解手続・条項・論点整理ノート　園部厚（新日本法規）
- 和解・調停条項と課税リスク　三木義一，馬渕泰至著（新日本法規）
- 簡裁民事事件の考え方と実務「第4版」加藤新太郎著（民事法研究会）
- 民事実務講義案Ⅰ〜Ⅲ　五訂版（司法協会）
- 民事訴訟法講義案　三訂版（司法協会）

【凡例】（法令名の略語）
- 民保法　　　民事保全法
- 民保規則　　民事保全規則
- 民訴法　　　民事訴訟法
- 民訴規則　　民事訴訟規則
- 民執法　　　民事執行法
- 民執規則　　民事執行規則
- 不登法　　　不動産登記法
- 不登規則　　不動産登記規則
- 不登令　　　不動産登記令
- 民訴費用法　民事訴訟費用等に関する法律
- 非訟法　　　非訟事件手続法
- 区分所有法　建物の区分所有等に関する法律

目　　次

第1編　民事保全

第2編　証拠保全

第1編　民　事　保　全

第1編 民 事 保 全

　本編では，本書の双璧ともいうべきメインテーマの一つである民事保全に関する問題を扱います。

　民事保全は，訴え提起から債務名義たる判決が得られるまでの時間の経過によって権利の実現が不可能又は困難になる危険から権利者を保護するために，その権利者の申立てにより裁判所が講ずる暫定的な措置です。

　構造的には，保全命令の申立があり（訴え提起），申立てについての審査を経て（弁論及び証拠調べ），保全命令が発令され（判決言渡し），その発令された保全命令が執行されるのであり（強制執行），括弧書きの訴訟の場合の該当部分と見比べると，訴訟と構造がよく似たところがあることがわかります。

　ただ，民事保全には，その特質から，訴訟とはかなり異なった考え方で対応しなければならないところも数多くあります。

　例えば，申立人は，被保全権利について，理由付け請求原因を疎明することになりますが，その疎明責任は，いわゆる法律要件分類説にしたがった証明責任の範囲を超えて，容易に予想できる積極否認，抗弁，さらには再抗弁にまで及びうるものです。つまり，立証の程度は軽いものの，その守備範囲は広いということになります。

　また，この他にも，迅速性から要請されるオール決定主義，密行性から認められる保全命令の債務者への執行後送達の許容性，立担保の場合の担保の評価，債権者と債務者の利害の均衡を図るための仮差押解放金，本案訴訟の付随性の表れでもある起訴命令の申立と起訴命令不遵守による保全取消など，民事保全特有の制度，性質が数多くあり

ます。

　本編では，これらを検討する前提として，民事保全に関する基本事項を整理確認するとともに，これらの民事保全特有の制度，性質に関して，実際の現場で問題となった事例等をモデルにして，それぞれ実務上の解決策等を検討していきたいと思います。

第1　民事保全の意義と特質

問題1

1　民事保全にいう「保全」の意義と保全命令の種類はいかなる
　　ものか。

2　民事保全の手続構造は，本案訴訟と比較して，如何に理解す
　　べきか。

3　民事保全の特質にはどのようなものがあり，それらはその手
　　続きにおいてどのように反映されているか。

■ 解　説

1　民事保全における「保全」の意義

　　民事手続において「保全」という文言がでてくるのは，民事保全
法に基づく民事保全と，民事訴訟法に定めのある証拠保全（民訴法
234条）があります（なお，民事手続における保全には，民事保全
法以外に破産法等に定められた，いわゆる「特殊保全処分」があり
ますが，本書では，民事保全法に定める民事保全に限って解説しま
す。）。

　　証拠保全とは，本案の訴訟における本来的な証拠調べ手続を待っ
ていたのでは，証拠調べが不可能かもしくは困難となる事情がある
ときに，特定の証拠方法について，訴え提起前又は訴え提起後の証
拠調べ期日前に，あらかじめ証拠調べを行ってその結果を保全し，
将来の本案審理においてその証拠調べの結果を利用できるようにし
ておく手続であり，本編で解説する民事保全とは全く異質の手続で
す（証拠保全については，第2編において詳しく解説します。）。

　　これに対し，民事保全にいう「保全」とは，民事訴訟の本案にお

いて債務名義が得られるまでの審理期間の経過によって権利の実現が不可能又は困難になる危険から権利者を保護するために，債権者の申立てにより裁判所が暫定的な措置を講ずる制度であり，その暫定的な措置が保全裁判所による裁判たる保全命令です。

2 民事保全の種類

　民事保全の種類としては，①「仮差押え」と②「仮処分」があり，②の「仮処分」は，さらに⑦「係争物に関する仮処分」と④「仮の地位を定める仮処分」に分けられます。

　①の「仮差押え」は金銭債権の実現を保全するためのもの，②の⑦の「係争物に関する仮処分」は非金銭債権である不動産に関する登記請求権，建物明渡請求権，特定の動産引渡請求権等を保全するものであり，どちらも本案の訴訟において認容された給付請求権の将来における執行を保全するためのものです。また②の④の「仮の地位を定める仮処分」は，本案の訴訟で審理の対象となっている権利関係につき暫定的な規制をして，将来の権利の確定とその実現を図るものです（民保法1条）。

3 民事保全の手続構造

　民事保全の手続は，保全命令申立ての当否を審理し，保全命令を発令すべきかを判断する裁判手続（民保法第2章）と，発令された保全命令を執行する執行手続（民保法第3章）に分けられますが，こうしてみると，民事保全の手続は，本案の訴訟手続と，その後の権利実現のための強制執行手続に似た構造を持っていることが分かります。

　ただ，民事保全は，その制度趣旨からして，本案の訴訟手続及び強制執行と比較し，次のような特性があります。

4　民事保全の特質と手続への反映

(1)　暫定性

　　民事保全は，本案の訴訟手続において権利が終局的に確定するまでの仮の措置を定めるものであり，暫定的に権利を保全するものです。

　　ですから，例えば，仮差押えは，差押えと同様に処分禁止効は認められますが，本案の債務名義を得て本執行に移行しない限り，換価や配当まではできません。

　　ただし，仮の地位を定める仮処分で労働者の地位を保全して賃金の仮払いを命じたり，所有権に基づいて特定の動産の引き渡しを命ずるなどの仮処分では，本案の請求権を民事保全の手続で実現したのと同様の結果を債権者に得させることになる場合もあります。これをいわゆる満足的仮処分といいます。

(2)　緊急性

　　民事保全は，債務者が責任財産を散逸させたり，特定物を第三者に移転したりする前に，迅速に審理判断されなければなりません。

　　そのようなことから，保全の審理に関しては，口頭弁論は任意的であり（民保法3条），実務的にも口頭弁論が開かれるのは旧法（平成3年1月1日に現行民事保全法が施行される以前の旧民訴法）以前の審理以外にはほとんどありません。原則として口頭弁論を開きませんから，保全の発令は全て決定でできるオール決定主義であり（民訴法87条1項），保全手続の迅速性が図られています。

(3)　密行性

債権者が債務者の財産を保全しようとしていることを，その保全執行の前に債務者の知れるところとなれば，債務者が，財産を隠匿し，又は第三者に偽装譲渡するなどして妨害工作に出るおそれもあるので，民事保全には密行性が要請されています。そのため，保全命令は，原則として，債務者審尋等をせずに発令します。また，保全執行は保全命令が債務者に送達される前であってもすることができます（民保法43条3項）。

　そうしたことから，実務においては，保全命令の発令後，1週間後に債務者に送達するか，又は債権者からの送達期間の猶予上申や保全執行の完了報告の連絡を待って送達するなどしています（本編の問題5，本書18ページ参照）。

　ただし，仮の地位を定める仮処分は，暫定的であれ，権利を確定して債務者に重大な影響を及ぼすこともあるので，仮処分の目的を達することができない事情がある場合を除いて，原則として，口頭弁論又は債務者審尋が必要とされています（民保法23条4項）。

(4)　付随性

　民事保全は，本案の訴訟を前提としており，本案訴訟に従属しています。ですから，保全命令の管轄に関しては，訴え提起前は原則として本案の管轄になりますし，訴え提起後はその受訴裁判所となります。被保全債権に関する約款等に，訴訟に関する合意管轄があれば，その管轄になりますし，不起訴合意がある場合のほか，破産手続において免責決定を受けた債務など明らかに訴求できないいわゆる自然債務を被保全債権としては，そもそも保全の申立てはできません。

　また，本案が起訴されないときは，債務者が債権者に対して起訴命令を申立てることができ，一定の期間内に債権者が本案の訴えを起こさない場合は，債務者の申立てにより，保全が取り消されることになりますが，これもまた，保全の本案訴訟への付従性の表れであるということができます。

第2 保全命令事件の管轄違いの場合

> 問題2
> 　千葉県市川市在住の加害者（債務者）Aが，東京都立川市内において，同市内在住の被害者（債権者）Vに対し，深夜，酔余の暴行を加え，傷害を負わせた事件について，Vが東京簡易裁判所に，不法行為に基づく損害賠償として治療費及び慰謝料合計100万円を被保全債権とする保全命令の申立てをして，これが受理された後，同裁判所に管轄がないことが判明した。
> 　この場合，どうすべきか。

■ 回　答

　一旦，保全命令の申立を取下げ，管轄裁判所に再度申立てをした方がよいでしょう。

■ 解　説

　民事保全における管轄は専属管轄とされています（民保法6条）。

　ですから，併合管轄（民訴法7条）の準用はありませんし，数名の者を債務者とする申立ての場合には，本案が係属している場合を除いて，各債務者について個別に管轄原因がなければなりません。また，保全命令事件のみについての合意管轄（民訴法11条）及び応訴管轄（民訴法12条）の準用もありません（民訴法13条）。

　本設問は，不法行為に基づく損害賠償請求ですから，普通裁判籍による管轄として被告の住所地（民訴法4条1項）から市川簡易裁判所に，特別裁判籍による管轄として原告の住所地（民訴法5条1号），不法行為地（同条9号）から立川簡易裁判所に，それぞれ管轄が認められますが，東京簡易裁判所には管轄は認められません（仮に管轄の

ない裁判所が保全命令を発した場合は，保全異議の理由になり，保全命令は取り消さることになります。）。

　民事保全の申立てが管轄のない裁判所に受理されてしまった場合には，申立てにより又は職権で，管轄違いを理由として管轄裁判所に移送することになります（民保法7条，民訴法16条1項）。

　しかし，そのまま，本案の訴訟と同様に移送してしまうと，移送の決定に対しては，即時抗告ができるので（民訴法21条），債務者にも移送決定の謄本を送達することになります。

　そうすると，その結果として，債務者が保全命令の申立てをその執行の前に知りうることになり，保全の密行性が害される場合があります。

　そこで，裁判所では，受付の段階で，管轄違いであることが明らかである場合には，債権者に対し，管轄裁判所に申立てをし直すように促しています。また，受付後に管轄違いであることが判明した場合には，債権者に対し，その保全命令の申立てを取り下げてもらい，改めて管轄裁判所に申し立てるように促しています。

　なお，移送となると，移送決定から，債務者への謄本送達，同移送決定の確定後に実際の移送となりますので，移送までの期間も相当にかかることになります。ですから，前述した密行性が害されるという側面だけでなく，保全の緊急性・迅速性という面からも，一旦，取り下げた上で，申立てをし直す方がはるかに早く手続が進み，合理的といえるでしょう。

第3 本案係属後の保全命令申立ての管轄

> 問題3
>
> 　本案訴訟が既に第一審裁判所として東京地方裁判所に係属している債権を被保全債権として，東京簡易裁判所に債権仮差押命令の申立てがあった。
>
> 　この場合に，保全命令の申立てを管轄する「本案の管轄裁判所」（民保法12条）とは，どの裁判所を指すと解すべきか。

回　答

本設問では，本案の管轄裁判所は，東京地方裁判所となります。

解　説

1　本案の管轄裁判所の意義

　民保法12条に定める「本案の管轄裁判所」とは，第一審の裁判所に本案の訴えが提起され，その訴訟が既に係属している場合，その係属裁判所となります。

　したがって，本設問の保全命令申立事件は，本案訴訟事件が係属する東京地方裁判所が管轄するものであり，東京簡易裁判所は管轄を有しないものというべきです。

　なお，本設問は，あくまでも「本案の管轄裁判所」がいずれかを検討しているのであり，民保法12条1項の「仮に差し押さえるべき物若しくは係争物の所在地を管轄する地方裁判所」としての管轄が成り立つか否かは別の問題です。

2　対処方法

　本設問の場合，管轄違いの保全命令の申立てになりますので，管轄を有する東京地方裁判所に移送しなければなりません（民保法7

条，民訴法16条）。

　もっとも，本編の問題2（本書10ページ）でも解説したように，債務者は移送決定に対して即時抗告ができますので（民訴法21条），移送決定は債務者に送達する必要がありますし，しかも，移送先の裁判所に保全事件の記録を送付するには移送決定が確定する必要があり，それまでには一定期間を要します。そうすると，移送することによって，手続の密行性，迅速性が損なわれるおそれが生じます。したがって，実際には移送される例はほとんどなく，裁判所の示唆に基づき，債権者が申立てを取り下げた上，管轄裁判所に改めて申立てを行うのが通例だといわれています。

　しかし，本設問に関連し，実際にあった事例では，債権者代理人が，取り下げることを一切拒絶し，移送決定がされた場合には，不服を申し立てる旨述べていたため，やむをえず東京地方裁判所に移送する決定をしたところ，その後，債権者代理人から，予告どおり，移送決定に対する即時抗告の申立てがありました。

　上記抗告審は，「保全命令事件の管轄は，『本案の管轄裁判所』又は『仮に差し押さえるべき物若しくは係争物の所在地を管轄する地方裁判所』に認められるとされ（民保法12条1項），『本案の管轄裁判所は，第一審裁判所とする。ただし，本案が控訴審に係属するときは，控訴裁判所とする。』（同条3項）と規定されているのであるから，民保法12条1項，3項は，同項所定の裁判所のみが『本案の管轄裁判所』として保全命令事件の管轄を有するとしていると解するのがその文言に沿った解釈であること，また，上記各規定の趣旨は，民事保全手続が本案訴訟に対して従属的，附随的な性質を有している点にあること，さらには民事保全の管轄は専属管轄であって

（同法6条），法の文言に根拠のない競合的な管轄裁判所を認めることは同法6条の趣旨に反することからすれば，保全命令事件の申立時に既に当該申立ての請求債権に係る本案訴訟が第一審裁判所に係属しているときは，当該第一審裁判所のみが同法12条1項の『本案の管轄裁判所』に当たると解するのが相当である。」旨判示し，本件保全事件の管轄裁判所は東京簡易裁判所ではなく東京地方裁判所であるとして，原決定は相当であるとしました。

第4　保全手続の審査における疎明

問題4

1　保全命令申立ての審査における疎明とは，どのようなものか。

2　疎明資料としては，具体的にはどのようなものがあるか。

3　申立人の疎明責任は，どのように考えるべきか。

■解　説

1　疎明の意義等

　　申立て債権者は，保全命令申立書に記載した保全すべき権利又は権利関係（被保全権利）及び保全の必要性を疎明しなければなりません（民保法13条2項）。

　　ここにいう疎明とは，申立人の主張に係る事実について裁判官が一応確からしいとの心証を持つ状態であり，裁判官にその心証を持たせるために申立人が提出する証拠が疎明資料です。

　　申立人は，保全命令の申立書において，具体的に記載した被保全権利及び保全の必要性について，立証を要する事由ごとに証拠である疎明資料を記載しなければなりません（民保規則13条2項）。

2　疎明資料

　　疎明の方法については，民訴法188条が準用されるので（民保法7条），即時に取り調べることができる証拠によってしなければなりません。即時にということについては解釈が分かれています。これを緩やかに解すれば，債権者が要求する場合には証人尋問も可能であるということになりますが，実務では，書証の取調べ及び審尋のみで，証人尋問まで行うことはほぼありません。

　　通常，取り調べる疎明資料としての書証は，契約書，領収書，代

金入金証明書，計算書，登記簿謄本，催告の内容証明郵便，債務者からの回答書，その他の具体的な事実を記載した報告書（必要に応じて写真貼付）又は陳述書等の書証です。

書証の写しは「疎甲1号証」などとして右上余白などの見やすいところに番号を付けた上，申立書に添付して提出しますが，それらのうち，原本のあるものは，後に裁判官が，申立人と面接する際に提示を受けて閲覧して原本確認をすることになります。

なお，書面審理のみで，裁判官との面接をしていない裁判所もあります。

また，コロナ禍の緊急事態宣言下で，当事者との接触をできるだけ回避するために，その間だけ裁判官面接から書面審理を原則とする運用がとられていた裁判所もあるようです。

3　保全手続における疎明責任

保全手続における疎明責任は，おおむね訴訟における証明責任と同様に法律要件分類説によるところになりますが，保全事件では，申立内容等から，通常予想される債務者の抗弁事由が窺われる場合，債権者に抗弁事由に対する積極否認事実や再抗弁事由の主張・疎明が求められます。

そのような意味からすれば，保全手続における疎明責任は，訴訟における証明責任よりはその証明の程度は軽いものの，疎明の範囲は広いということになります。

このように，疎明すべき範囲が広いのは，保全手続が，その密行性の要請から，原則として，債務者審尋等をしないため，債務者に反論の機会がないまま保全の審理が進められるからです。

この点に関連した裁判例として「利害の対立する者の対席が保障

されない手続の段階にあっては，債権者としては，当該不動産の所
有権が債務者に属することについて通常予想されるような障害事由
の存しないことも含めて証明しなければならない。」旨判示してい
るものもあります（東京高決平3.11.18）。この決定は，仮差押えの
対象不動産についての所有権の証明に関するものですが，被保全債
権等の疎明の範囲を考える上でも参考になります。

第5　債務者に対する保全命令の送達

> **問題5**
>
> 　保全命令が発せられた場合，債務者への保全命令の送達は，いつなされるか。

■ 回　答

　実務上は，債権者に対する決定正本の交付送達後，7日経過後又は保全執行の完了報告後に，債務者に送達されるという扱いをしているようです。

■ 解　説

　保全命令は，当事者に送達しなければなりません（民保法17条）。

　保全命令は，決定の形式による裁判であるところ，決定の場合，当事者に対しては，普通郵便，口頭又は電話等の相当と認める方法で告知すれば足り，送達は要しないとされています（民保法7条，民訴法119条）。

　しかし，保全命令の申立を認める決定は他の決定と比較して重要性が高いので，上記のとおり，民保法において，特に，当事者に送達しなければならないと定めているわけです。

　しかし，保全執行は，これが事前に債務者に知れてしまうと，保全の対象となる財産について債務者に隠匿処分されるなどするおそれもあることから，その執行には密行性が要請されています。そこで，民保法43条3項では，保全執行は債務者に送達される前であってもすることができる旨定めています（民事執行では事前又は同時送達が原則（民執法29条）。）。

　他方で，保全執行は保全命令の正本に基づいて実施することとなっ

ており，債権者は保全命令の決定正本が送達されてから2週間以内に保全執行をしなければなりません（民保法43条1項，2項）。

　保全命令の債務者への送達は，保全執行に先立ってする必要はないものの送達は必要ではあるので，保全命令の発令からあまりにも長期間を置いて送達するというのは適当ではないこと，債権者には保全執行の期間に保全命令の決定正本送達から2週間という制限が設けられているのであり，債権者は，十分な準備期間を経て申立てを行い，担保を積み，発令を受けているわけですから，一般的に発令から1週間程度経過していればおおむね保全執行が完了し密行性の要請は消失しているであろうと思われることから，債務者への保全命令の決定正本の送達は，債権者への送達後7日程度経過した時点において行う扱いにしている裁判所もあるようです。

　事件によっては，申立人代理人が，保全執行の完了予定日を事前に裁判所に書面で提出してくることもありますし，保全執行が完了した旨報告してくることもあります。その場合の裁判所の対応としては，そうした保全執行の完了を確認した後に債務者への送達を行っているところもあるようです。

　なお，保全命令が発令になった後，相当期間が経過しても債務者に送達が未了のままであると，場合によっては債務者からの執行異議（民保法46条，民執法11条）が認められることがありますので，裁判所書記官から申立人代理人等に，債務者の所在や送達方法に関する調査・報告を求めてきたときは，十分な調査の上で書面等適宜の方法により速やかに回答してもらう必要があります。

第6 債務者に相続が発生した場合の不動産仮差押え

> **問題6**
>
> 　X及びYは，令和2年2月10日に，返済期限を令和2年10月10日とする金銭消費貸借契約（以下「本件契約」という。）を締結し，本件契約締結日に，XはYに1200万円を貸し付けたが，Yが返済期限までに前記貸付金を返済せずに，令和2年11月10日，死亡した。
>
> 　Xは，令和3年3月10日，Yの相続人であるYの妻A，実子らB，C，Dを債務者として，Aらが居住するY名義のマンションの1室（平成12年築，以下「本件マンション」という。）について不動産の仮差押えの申立をすることとした。
>
> 　この申立てにつき，留意すべきことは何か。

回 答

　相続調査を行い相続人を確定させるとともに，請求債権目録において各債務者について相続分に合せた債権の割り付けをし，物件目録に債務者らの各共有持分を記載するほか，対象不動産が相続登記未了であるので，仮差押え登記に先立ち，代位による相続登記（以下「代位登記」という。）をする必要があることに留意すべきです。

　なお，本設問の対象不動産は，マンションの1室であり，いわゆる区分所有建物ですから，物件目録には，区分所有建物と敷地権を併せて記載する必要があります。

解 説

1　相続調査

　本設問では，亡Yの相続人として明らかになっているのは妻A，

実子らB，C，Dの４人ですが，Yに離婚した前妻がいれば前妻との間に子がいるかも知れませんので，相続調査を確実に行っておく必要があります。その上で，Aらも含め判明した相続人全てについて家庭裁判所に相続放棄の有無の照会を行い，相続人を確定しておかなければなりません。

　なお，相続人が不存在の場合には，相続財産管理人を選任するなどしなければなりません。

　本設問のモデルになった実際にあった事例では，Yには上記相続人らのほかにAらのあずかり知らぬYが認知した婚外子Eがいましたが，事前の調査で家庭裁判所に対し相続放棄の申述をしていたことが判明していました。

２　請求債権目録における債権の割り付け

　本設問の請求債権は貸金債権であり可分債権ですので，相続人が複数ある場合は，それぞれの相続人の相続分割合に基づいて，債権を割り付ける必要があります。

　本設問の場合は，それぞれの相続分は妻Aが２分の１，実子Bらが各６分の１ですから，請求債権目録の記載例は次のようになります。

請求債権目録

　債務者Aに対し金６００万円

　債務者Bに対し金２００万円

　債務者Cに対し金２００万円

　債務者Dに対し金２００万円

ただし，債権者Xと申立外亡Yとの間で令和2年2月10日に締結された金銭消費貸借契約に基づき，XがYに貸し付けたYの貸金債務1200万円につき，上記債務者らが相続（相続分は，債務者Aが2分の1，債務者B，C，Dが各6分の1）したことによるXのAらに対する貸金債権。

3　物件目録における各債務者の共有持分の記載例

　　物件目録に記載する各債務者の共有持分は，物件目録の対象不動産の記載の下欄の空白部分に記載します。なお，後述するように，本件マンションのようないわゆる区分所有建物は，区分所有建物と敷地権は個別に処分できないので，これを前提に，記載例を示します。

物　件　目　録

（一棟の建物の表示）
　　所　　　　在　　○○市○○区○○町○丁目○番地○
　　建物の名称　　○○○マンション
（専有部分の建物の表示）
　　家　屋　番　号　　○○町○丁目○番○号
　　建物の名称　　○○○号
　　種　　　　類　　居宅
　　構　　　　造　　鉄筋コンクリート造1階建
　　床　面　積　　○階　○○.○○平方メートル
（敷地権の目的たる土地の表示）
　　土地の符号　　1

```
　　　所在及び番地　　○○市○○区○○町○丁目○番○

　　　地　　　　目　宅地

　　　地　　　　積　○○.○○平方メートル

　（敷地権の表示）

　　　土地の符号　　1

　　　敷地権の種類　所有権

　　　敷地権の割合　○○○○○分の○○

　　　　　　　　　　　　　（債務者A　持分2分の1）

　　　　　　　　　　　　　（債務者B　持分6分の1）

　　　　　　　　　　　　　（債務者C　持分6分の1）

　　　　　　　　　　　　　（債務者D　持分6分の1）

　　　　　　　　　　　　　　　　　　　　　以　　上
```

4　相続登記未了のため代位登記が必要

　　通常は，不動産の仮差押命令が発令されると，保全裁判所の書記官が，対象不動産について，これを管轄する法務局に対し，仮差押登記の嘱託をします（民保法47条3項）。

　　ただ，本設問では，対象不動産の登記名義が亡Yのままになっており，相続登記が未了ですので，このままでは対象不動産の登記名義と債務者名義が異なり，仮差押登記の嘱託ができません。

　　そこで，申立人としては，不動産の仮差押命令が発令されたら，その正本を代位原因証書（不登令7条1項3号）として，法定相続人に代位（不登法59条7号）して法定相続登記をしなければなりません。

　　なお，このように代位登記を先行させるような場合は，裁判所に

よっては仮差押決定正本とともに仮差押の登記嘱託書等を債権者に
交付し，これらを法務局に同時に提出してもらった上で，その旨を
裁判所に届出るようにお願いしているところもあるようです。

5　その他の本問に関連する事項

　　前述したように，本件マンションはいわゆる区分所有建物で，昭
和58年5月21日法律51号（昭和59年1月1日施行）による改正後の
区分所有法22条によれば，敷地利用権は区分所有建物との分離処分
が禁止され，区分所有建物と敷地権の登記が一本化されましたので，
登記事項証明書に従い上記物件目録のように記載すればよいわけで
すが，この改正以前は，区分所有建物と敷地権は別々に登記されて
いるので，各登記事項証明書に沿って記載しなければなりません。

　　本設問では，本件マンションは平成12年築ですので，改正後の区
分所有法によっています。

第7　労働基準法の付加金を被保全債権とする仮差押え

> **問題7**
>
> 　某工場で雇用されていた工場作業員は，何らの予告なく解雇されたとして，解雇予告手当に加え，労働基準法114条に基づく付加金請求権を被保全債権として，仮差押えの申立てをしたが，付加金請求権を被保全債権とすることは許されるか。

回 答

　解雇予告手当請求権に加えて，付加金請求権も被保全債権として仮差押えの申立てをすることはできます。

解 説

1　労働基準法の付加金の意義及び性質

　付加金とは，労働基準法上，解雇予告手当，休業手当，割増賃金等を支払わない使用者に対し，裁判所が労働者の請求により使用者に対して支払いを命じることができる本来支払うべき金額の未払金と同一額の金員です（同法114条）。

　判例によれば，この付加金の支払義務は，「使用者が予告手当を支払わない場合に当然に発生するものではなく，労働者の請求により裁判所がその支払を命ずることによって，初めて発生するものと解すべきである」としています（最判昭51. 7. 9）。

　なお，その付加金の審理は未払金の存否の審理を前提に同一の手続においてこれに付随して行われるものであるといえますから，付加金の請求については民訴法9条2項にいう訴訟の附帯の目的である損害賠償又は違約金の請求に含まれるものとして，その価額は当該訴訟の目的の価額に算入されないものと解されています（最決平

27.5.19)。

2 付加金は被保全債権に加えられるか

上記判例の判旨にあるように，付加金の支払義務が，裁判所から支払を命じられて初めて発生する労働基準法上の義務であるとすれば，仮差押えの申立時においては，申立人の有する債権として何ら成立していないのですから，これを被保全債権として仮差押えを申し立てることができるのかが，一応，問題になります。

これに関し，民保法20条2項は，金銭の支払を目的とする債権について，それが条件付又は期限付である場合においても，保全の必要性がある限り仮差押命令を発することができる旨を定めていることから，解釈上もこれに止まらず，将来成立すべき権利であっても，その基礎となる法律関係が現存していれば被保全適格を有すると解するのが通説とされています。

以上からすると，付加金の請求権が仮差押申立時に未だ権利として成立していないとしても，その基礎となる法律関係が存在していれば，仮差押えの被保全債権となりうるものと考えられます。

3 主張，疎明すべき具体的事実

それでは，ここにいう「基礎となる法律関係」として，具体的にはどのような事実について主張や疎明がされるべきでしょうか。

権利発生の根拠となる事実ということからすれば，いわゆる「理由付け請求原因」が考えられます。保全命令の申立てにおいては，保全すべき権利又は権利関係及び保全の必要性を明らかにしなければならず（民保法13条1項），これらについて疎明をしなければなりません（同条2項）。そして，保全命令の申立書には，保全すべき権利又は権利関係及び保全の必要性を具体的に記載しなければな

りません（民保規則13条２項）。ここにいう権利又は権利関係の具
体的記載は，民訴法133条２項２号に定める請求の原因と同旨であ
り，他と識別できる程度の原因事実であると解されていますが，さ
らに民保規則６条で準用する民訴規則53条１項により，請求を理由
付ける事実（いわゆる「理由付け請求原因事実」。以下，単に「請
求原因事実」という。）も記載する必要があると解されています。

　付加金請求の請求原因事実は，主たる請求である解雇予告手当等
の請求原因事実と全く同一です（「労働者による裁判上の請求」を
挙げる見解もあります。）。すなわち，解雇予告手当の主たる請求原
因事実が主張されれば，附帯請求である付加金についての請求原因
事実も主張されたことになります。

　さらに，保全命令の申立書には，上記の請求原因事実に加えて，
①裁判所が担保の金額や適切な処分を決定するとともに充実した審
理を行うために，予想される抗弁事実に対する反論についても記載
する必要があるといわれていること，②受訴裁判所は，使用者に対
して付加金という制裁を科すことが相当でない「特段の事情」が存
する場合には，裁量により付加金の支払を命じないか又は一部減額
して支払を命じることができるとする見解に立脚する裁判例が相当
数存在すること，これらを考慮すると，上記②の「特段の事情」が
存在しないことを含め，付加金の支払を相当とすべき事情について
も主張するのが相当ではないかと思われます。

4　結論
　以上の検討によれば，付加金請求権が発生する「基礎となる法律
関係」の存在は，主たる請求の請求原因事実及び付加金の支払を相
当とすべき事情が主張・疎明されることによって認めることができ

れば，付加金請求権を被保全債権とする仮差押えの申立ては認めら
れることになるものと考えられます。

第8　経営者保証の場合の仮差押えの必要性

> 問題8
>
> 　Xは，A株式会社に，100万円を貸し付けるに当たり，A会社
> の代表取締役Yを連帯保証人とした。
>
> 　Yは，事実上，A社の経営を休止し，B社で契約社員として仕
> 事をしていたことから，Xは，Yに対する上記貸金100万円に対
> する連帯保証債務を被保全権利として，Yのみを相手として，Y
> のB社に対する給与債権について仮差押えをしたい。
>
> 　保全の必要性を示す資料として，いかなるものが必要か。

回　答

　主債務者であるA社の資力，財産状態に関する主張・疎明のほか，
連帯保証人Yの所有不動産の有無やその余剰価値等の主張・疎明が必
要となります。

解　説

1　主債務者の資力からみた保全の必要性

　本設問では，主債務者たるA社は，Xから借り入れをするに当た
り，同社の代表取締役Yがいわゆる経営者保証としてその連帯保証
人となっているものであり，A社とYは経済的には同一とみられる
ものです。

　こうした場合でも，あくまでも主債務者はA社です。連帯保証人
に対してのみ仮差押命令の申立てをする場合には，実務上，主債務
者が無資力であることが，連帯保証人に対する保全の必要性を認め
る前提とされています。

　民法上，連帯保証人には催告の抗弁権（民法452条）や検索の抗

弁権（同法453条）は認められていません（民法454条）。しかし，一般的には，まずは主債務者に請求し，これが支払われない場合に連帯保証人に請求されるという認識で連帯保証契約が行われるのが実情であり，暫定的な措置である仮差押えとしては，主債務者の責任財産で保全されれば連帯保証人については保全の必要がないということになります。本設問のように，経営者保証の場合，会社と経営者の経済実態はほぼ同一ですので，連帯保証をしている経営者の意識として，そこまで峻別していることもないかもしれません。しかし，ここは，やはり原則どおり主債務者であるＡ社を別人格として，まずはＡ社の資力や財産状態等を調査し，一応，無資力であることの主張と疎明をしなければならないということになります。

2　仮差押目的物の種類からみた保全の必要性

　仮差押えにより債務者の受ける打撃の程度は，仮差押えの目的物の種類によって異なります。

　法人であれば取引のための預金債権や販売のための商品等が，また，個人であれば給与債権等が，仮差押えされたとなれば，場合によってはその営業や生活に致命的な打撃を与えることもあり得ます。これに対して，債務者所有の不動産は，とりあえず，仮差押えが執行されたとしても，その旨が登記されるにとどまるものですから，債務者に与える打撃は比較的軽いものと考えられています。

　そうしたことから，本設問のようにＹの給与債権に対して仮差押えをするにあたっては，その必要性を主張・疎明するために，Ｙ名義の不動産の有無，不動産がある場合の抵当権等の担保物件の設定の有無，その残債務の程度などを主張疎明して，Ｙの給与債権の仮差押えの必要性を示す必要があります。

第9　債務名義がある場合の仮差押えの必要性

> 問題9
>
> 　Aは，Yに対し500万円を貸し渡したが，Yが弁済期限までに弁済をしなかったため，本件貸金債権のうち140万円について一部請求の本案訴訟を提起し（以下「先行本案」という。），全部勝訴判決を得て，同判決は確定した。その後，Aは，直ちに強制執行することなく，本件貸金全額をXに債権譲渡した。
>
> 　Xは，先行本案の確定判決に係る部分を除く360万円について，Yに対し本案訴訟を提起（以下「後行本案」という。）するとともに，本件貸金債権500万円全額を被保全債権として，Y所有の不動産について仮差押命令の申立てをしたが，本件仮差押えの必要性は認められるか。

■ 回　答

　本設問のような場合に，債務名義がある部分を含め，仮差押えの必要性が認められる場合があります。

■ 解　説

　AがXに譲渡した債権は，全体として貸金債権500万円ですが，そのうち140万円については，先行本案で確定判決を受けており（以下「甲債権」という。），その余については，後行本案で訴訟係属中であるものの債務名義のない債権（以下「乙債権」という。）です。

　甲債権は，先行本案において確定判決を得ていますから，通常，執行力のある債務名義がある場合は，その債務名義により直ちにY所有の不動産を差し押えるなどすれば良いのであり，原則として保全の必要性は認められません。

しかし，本設問においては，Aが甲債権について確定判決を受けた後にXに譲渡していますので，Xは甲債権について口頭弁論終結後の承継人となりますが（民訴法115条1項3号），XにおいてYに対する強制執行に着手するには承継執行文の付与を受ける必要があります（民執法27条2項）。

　承継執行文を付与した場合，債務名義の正本とともに付与された承継執行文や承継に関する証明文書の謄本が債務者であるYに送達されます（同法29条）。債務者は，この送達により，債権者が強制執行の準備をしていることを知りうることになり，結果として債務者に財産の処分，隠匿の機会を与えることになりかねません。そうしたことから，承継執行文の付与を要するような債務名義の場合，対象不動産以外の債務者の資産や負債の状況，債権者による支払いの催告の有無とこれに対する債務者の応答状況，その他の事情等も勘案した上で，乙債権と債務名義のある甲債権の合計500万円の譲受債権全額について保全の必要性が認められる場合があります。

第10　不動産仮差押えの場合の不動産の評価

問題10

　不動産仮差押えの場合の不動産の評価は，保全の必要性と発令に先立つ担保額の判断に必要となるが，基本的にはどのような評価資料によっているか。

　また，基本的な評価資料によらない場合のその他の不動産の評価資料としてはどのようなものがあるか。

解　説

1　保全の必要性と担保額の判断

　目的不動産の価額が請求債権額に比べて非常に僅少である（その余剰が後の本執行に移行した場合の執行費用にも満たないなど）場合や目的不動産に抵当権等の担保がついていて剰余がない（いわゆるオーバーローンなど）場合，また逆に目的不動産の価額が請求債権額に比して，例えば10倍以上あるような過大な場合には，保全の必要性が認められないことがあります。

　また，保全命令の発令には，通常，違法な保全命令の執行によって債務者が被る可能性のある損害を担保するために，債権者である申立人に担保を立てさせますが（民保法14条1項），不動産仮差押えの担保額の基準になるのが，やはり目的不動産の価額です。

　これらの判断は，目的不動産の価額を評価する資料によって大きく変わってきます。

2　目的不動産の評価資料

(1)　基本的な評価資料

　第一次的には，疎明資料として提出された固定資産評価証明書

に記載された固定資産税評価額を基準にして目的不動産の価額を評価しています。これは，土地・家屋の両方の評価資料になります。

(2)　土地についての(1)以外の評価資料

　　土地については，いわゆる「一物四価」といわれ，上記(1)の固定資産税評価額のほかに，以下のように，①実勢価格（時価），②公示価格（公示地価），③路線価（相続税評価額）があります。

①　実勢価格（時価）

　　実際に取引された価格又はその周辺地域の取引事例等から推定した価格であり，国土交通省のＷＥＢサイト「土地総合情報システム」で閲覧できます。

②　公示価格（公示地価）

　　国土交通省が公示する標準地の価格であり，毎年1月1日時点の地価を評価し，毎年3月下旬に公示されます。国土交通省のＷＥＢサイト「土地総合情報システム」で閲覧できます。

③　路線価（相続税評価額）

　　相続税や贈与税の課税基準になる価格であり，国税庁で選んだ標準地の道路の値段から土地の価格が算定されます。国税庁のＷＥＢサイトで路線価図等が公開されています。

(3)　申立人作成の上申書等

　　上記資料のほか，申立人から提出される目的不動産の簡易鑑定書，抵当権が設定されている場合の被担保債権残高を推計計算した上申書などがあります。

第11　共同抵当の場合の目的物価格の評価と保全の必要性

問題11

　債権者Aが，債務者Bに対する200万円の貸金債権を被保全債権として，B名義の土地家屋に対する不動産仮差押命令の申立てをした。

　本件不動産の評価額は，土地が1300万円，家屋が1000万円であるところ，被担保債権2000万円の共同抵当権が設定されていた。

　上記のような場合，土地家屋のいずれについても保全の必要性は認められるか。

回　答

　家屋の仮差押えだけで十分であり，土地まで仮差押えをすると超過仮差押えとなります。

解　説

1　不動産の目的物の価額と保全の必要性

　一般的に，保全が認められるのは，債務者の財産を現状のままにしておくと，将来の強制執行をすることができなくなるおそれがあるとき，又は強制執行をするのに著しい困難を生ずるおそれがあると認められる場合です（民保法20条1項）。

　仮差押えは，あくまで被保全債権たる請求債権を保全するための制度ですから，請求債権の範囲内でのみ保全の必要性が認められるのであって，これを超える物件の仮差押えは，その部分に関しては，保全の必要性はなく，仮差押えが禁じられます。これを超過差押えの禁止といいます。

　ですから，本設問のような複数の不動産に対する仮差押えの申立

てをする場合ですと，一部の不動産の価格が請求債権額を超えると
きは，上記の超過仮差押えの禁止の趣旨から，他の不動産について
は仮差押えの必要性はないということなります。

　例えば，請求債権額500万円に対し，いずれも何ら抵当権等の担
保の負担のない評価額1000万円の土地と同土地上にある評価額600
万円の家屋であれば，家屋に対する仮差押えで十分であり，土地ま
での仮差押えをするのは超過仮差押えとなります。

2　借地権（民執法上の法定地上権等）と吸上げ調整

　また，上記と同じ評価額の土地と家屋で，請求債権額が1100万円
であったとしても，仮差押えについては家屋だけで十分であるとさ
れる場合もあります。というのは，民事執行法上の法定地上権（民
執法81条）を仮差押え時にも評価すべきとされているからです。

　民法上の法定地上権（民法388条）は，①抵当権設定当時に土地
の上に建物が存在していること，②その土地と建物が同一人の所有
するものであること，③土地建物の一方又は双方に抵当権が設定さ
れたこと，④抵当権の実行によって土地所有者と建物所有者が別人
になったことの4つの要件が揃った場合に認められる法律上の土地
利用権であり，その趣旨は，建物収去による社会経済上の不利益を
回避するところにあります。

　強制執行の場面においても同様のことが起こり得ることから，民
執法81条において，①土地，建物が債務者の所有に属すること，②
土地又は建物に差押えがあったこと，③その売却により所有者を異
にするに至ったことの3つの要件が揃った場合に，民執法上の地上
権が設定されたものとみなされます。

　これらの民執法上の法定地上権の要件のうち，②の要件に関して

は，差押えがあったときとされているので，仮差押えの段階では法律上の要件を満たさないのではないかとの疑問が生じますが，従来から保全の実務においては，仮差押えの段階で民執上の法定地上権を評価しており，判例もこれを追認する形で認めています（最判平28. 12. 1）。

　なお，民事保全の実務においては，民執法上の法定地上権を考慮する必要のない場合，例えば，債務者が自己名義の建物所有目的の土地賃借権を持っているような場合でも，その建物の評価をするのにその敷地利用権としての借地権を評価することになるので（現実に建物の処分等が問題にならない限り借地権の具体的な評価額は顕在化しないため），民執法上の法定地上権の他にこうした既設定の借地権を含め，単に借地権といいます。また，建物に借地権を加算することを，建物が借地権の価値を吸い上げるという比喩から「吸上げ調整」などとも言いますので，以降，こうした評価を「吸上げ調整」ということにします。

　さて，話を戻しますが，請求債権額が1100万円であったとして，何ら担保の負担のない評価額1000万円の土地と同土地上にある評価額600万円の家屋であるとなると，そのままでは土地家屋いずれか一方だけでは請求債権額に満たないので，両方の仮差押えが許容されそうです。しかし，上述した吸上げ調整を行うと話は別です。仮に，土地家屋が東京23区内にあった場合，借地権評価は土地評価額の6割〜7割で評価される場合があります。そうすると，仮に借地権評価を土地評価額の7割とした場合，その吸上げ調整後の建物評価額は，1300万円（建物評価額600万円＋借地権評価額700万円（土地評価額1000万円×70％））となります。そうすると，建物の目的

物価額だけで請求債権額をカバーできることとなり，土地については，超過差押えになることが分かります。

3　共同抵当の場合の目的物価額評価

　仮差押えの目的物に抵当権が設定されている場合は（その残債務にもよりますが，ここでは，被担保債権が全額残っていることを前提に考えます。），その目的物価額から被担保債権額を控除して評価額を出します。

　それでは，本設問のように，土地家屋に共同抵当が設定されていた場合はどうでしょうか。

　共同抵当とは，同一の債権を被担保債権として複数の不動産に抵当権を設定したような場合であり，本設問のような場合がその典型です。

　この場合の各不動産の評価方法ですが，まずは，①土地家屋のそれぞれの本来の評価額（土地の評価をA，家屋の評価をBとし，その合計額をCとします。）から，②前述した吸上げ調整による評価を行い，それぞれ吸上げ調整後の土地家屋の評価額を出します（借地権割合は7割とし，吸上げ後の土地はa，家屋はbとします。）。③そして当該抵当権の被担保債権（Sとします。）に，土地家屋の本来の評価合計額に対するそれぞれの吸上げ調整後の評価額の割合を乗じて，土地家屋それぞれの被担保債権額の割り付け額を算出します（割り付けられた被担保債権額は，土地につきsa，家屋につきsbとします。）。このようにして割り付け額を算出するのは，共同抵当を実行して同時配当する場合に，その各不動産の価額に応じて，その債権の負担を按分するからであり（民法392条1項），仮差押えの場合の目的物の評価もこれに倣っているからです。そして，

④最後に，土地家屋のそれぞれの吸上げ評価額から割り付け被担保債権額を控除して，最終的な目的物価額のそれぞれの評価額（土地についてはＲＡ，家屋についてはＲＢとします。）を算出していくことになります。

　なお，実際の抵当権の実行に当たっては，抵当権者は少しでも自己に有利な実行を望むでしょうから，土地又は家屋の一方のみを競売し売却・配当を受けるということはありますが，保全の必要性判断においては，一応，土地及び家屋の両方が同時に売却されることを前提として各評価額を算出する取扱いとなっています。

　前述した計算については，文章だけで説明すると分かり難いので，以下にその算式を示します。

　　①　本来の評価額　　Ａ＋Ｂ＝Ｃ
　　②　吸上げ調整額　　Ａ×30％＝ａ　　Ｂ＋（Ａ×70％）＝ｂ
　　③　割付け債権額　　Ｓ×ａ／Ｃ＝ｓａ　　Ｓ×ｂ／Ｃ＝ｓｂ
　　④　最終的評価額　　ａ－ｓａ＝ＲＡ　　ｂ－ｓｂ＝ＲＢ
　これを本設問に当てはめてみると，

　　①　本来の評価額
　　　　1300万円（Ａ）＋1000万円（Ｂ）＝2300万円（Ｃ）
　　②　吸上げ調整額
　　　　1300万円（Ａ）×30パーセント＝390万円（ａ）
　　　　1000万円（Ｂ）＋（1300万円×70％）＝1910万円（ｂ）
　　③　割付け債権額
　　　　2000万円（Ｓ）×390万円（ａ）／2300万円（Ｃ）
　　　　　　　＝339.1万円≒339万円（ｓａ）
　　　　2000万円（Ｓ）×1910万円（ｂ）／2300万円（Ｃ）

$$=1660.8万円≒1661万円（sb）$$

④　最終的評価額

$$390万円（a）-339万円（sa）=51万円（RA）$$

$$1910万円（b）-1661万円（sb）=249万円（RB）$$

　以上から，最終的な土地の評価額は51万円であり，家屋の評価額は249万円の余力があることが分かります。

　本設問では，請求債権額が200万円ですから，家屋の仮差押えだけで十分だということになります。

　なお，この場合の担保額は，金銭債権についての不動産の仮差押えであることから，目的物価額の2割程度とすると，249万円×20パーセントとして，49万8000円ですので，50万円程度が妥当であると予想できます。

　また，仮差押解放金は，目的物の価額が請求債権額を上回っていますので，請求債権額と同額の200万円となります。

第12 土地共有持分の仮差押えと法定地上権の成否

問題12

　債権者Ｘが，債務者Ａに貸し付けた500万円を被保全債権として，ＡがＢと共有する土地及び地上建物のうち，Ａの土地持分を仮差押えすることを求める不動産仮差押えの申立てがあった。

　ＡとＢの持ち分割合は，それぞれ土地及び地上建物について，いずれもＡが5分の2，Ｂが5分の3，土地の評価額は2000万円であり，抵当権等の担保は設定されていない。

　この場合，Ａの土地の持ち分の価額を算定するにあたり，民執法上の法定地上権の成立を考慮すべきか。

　またＡの土地持分の価額はいくらになるか。

回　答

1　土地建物ともに共有の場合，土地の共有持分について差押えがなされたとしても，民執法上の法定地上権は成立しないので，考慮する必要はありません。

2　本来の評価額から，占有減価として3割程度を減じますので，2000万円×2／5（Ａ持分割合）×（100％－30％）＝560万円となります。

解　説

1　法定地上権の成否

　一般に，地上建物が存在する土地のみを仮差押えする場合には，土地の固定資産税評価証明書に記載された土地の評価額から，建物に付随する土地利用権価格を控除してその価格を算定し，超過差押え等の判断や担保額算定の基準としています。控除すべき土地利用

権価格は，利用権の有無・種類によって異なってきますが，借地権（賃借権，地上権）であれば，東京都内の場合，通常，土地価格の7割程度を控除しています（この割合は場所によって異なります。）。

しかし，本設問の場合は，土地と建物がいずれもA，Bの2名の共有となっていますから，借地権や使用借権などの土地利用権は設定されていません。このように，土地と地上建物の所有者が同一である場合，その一方のみが競売によって所有者を異にすることとなったときは，地上権が設定されたものとみなす，いわゆる法定地上権の制度があります（民法388条，民執法81条）。本設問では，仮差押えの申立てであり，本執行（競売）の手続ではありませんが，不動産価格算定の前提となる土地利用権等の成否は，本執行を想定して行うことになりますので，本設問においても，債務者の土地持分が本執行において売却された場合に，法定地上権が成立するかどうかを検討する必要があることになります。

なお，本設問の土地及び建物には，いずれも抵当権等の担保の設定がされていないので，検討すべきはもっぱら民執法上の法定地上権の成否となります。

民執法上の法定地上権は，差押時（仮差押時）を基準として，土地及び地上建物を債務者が所有していること，いずれかが差し押さえられ，その売却によって所有者を異にするに至ったことが成立要件となります。

本設問では，仮差押え時点において，土地・建物ともにAの持分が5分の2，Bの持分が5分の3であり，土地と地上建物が，いずれも同一人の所有であるということはいえます。

この場合，Aの土地占有権限は，売却前においては，A自身の土

地共有持分権に基づく土地利用権と考えられますが，売却後においては，この占有権限も消滅します。それでも，Bが土地及び建物の共有者であることから，直ちに建物の収去を要する事態になることは考えにくいですが，仮に，Bが建物持分を放棄するなどした場合には，建物収去義務が発生してしまいます。この結果は，建物の保護に欠けますから，法定地上権の成立を認めるべきだとの考えもあります。

しかし，これを許せば，Bにとっては，その持分に抵当権を設定しているなどの事情がある場合は別として，他方の共有者であるAに生じた予想しない事態によって法定地上権の負担を課せられることになってしまいます。

Bは土地だけではなく建物の持分も有しますから，土地で不利益（法定地上権の負担）を被った分を，建物で利益（従たる権利である法定地上権）を得ることになり，一見，損害がなさそうですが，土地と建物の共有割合が異なる場合（Bの建物共有割合が土地共有割合より小さいとき）を想定すると，一概にBに損害がないとはいえません。共有割合が同じかどうかで結論に差が出るというのでは，あまりにも複雑過ぎますから，Bの持分権を不当に害することを重く見て，法定地上権は成立しないと考えるのが妥当だと思われます。

これに関する同旨の判例も「法定地上権が成立するとすれば，Bは，その意思に基づかず，Aのみの事情によって土地に対する持分に基づく使用収益権を害されることになるし，他方，法定地上権が成立することを認めなくても，直ちに建物の収去を余儀なくされるという関係にはないので，建物所有者が建物の収去を余儀なくされることによる社会経済上の損失を防止しようとする民執法81条の趣

旨に反することもない，したがって，同条に基づく法定地上権が成立することはないと解するのが相当である」旨判示しています（最一小判平6.4.7）。

以上のとおりであり，本設問においては，法定地上権が成立しないものとして，Aの土地持分価格を算定するのが相当だと思われます。

2　Aの土地持分価格の評価

法定地上権が成立しないものとしても，何らの控除をすることもなく，固定資産評価証明書に記載された土地の評価額そのものを本件土地の価格として持分の金額を算定して構わないでしょうか。

上記最高裁判例でもいわれているように，土地持分の売却後においても直ちに建物の収去を余儀なくされることがないのだとすると，裏を返せば，土地の所有者にとっては，事実上にしても，建物が存在することによる土地利用上の制約を受けることを意味します。このことが，土地の価格に何ら反映されないのは，相当とはいえません。

このように，法律上の占有権限がなくても，事実上の占有があることによる価値の減少が認められる場合に，これを「占有減価」として考慮する実務の取扱いがあります。本設問においても，同様の減価をすることが必要と考えられますが，その控除率については，前述したような共有物件であることによる特殊性から，土地利用権が使用借権である場合の控除率なども考慮して，固定資産評価証明書に記載された土地価格から3割程度を控除することとし，これに持分割合を乗じた額を本件土地持分の価格として，超過判断や担保額の算定を行うことも考えられます。

　これを本設問に当てはめてみますと，上記回答のとおり，2000万円×2／5（Aの持分割合）×（100％－30％）＝560万円となります。

第13 先行する仮差押えの評価

問題13

　貸金債権500万円を被保全債権として，債務者名義の家屋について，不動産の仮差押えの申立てがなされた。当該家屋の評価額は320万円であるところ，抵当権等の担保はついていないものの，被保全債権を800万円とする本件に先行する仮差押えがなされていた。

　この場合，本件申立ては認められるか。

回　答

本件不動産は無剰余とはなりませんので，仮差押えは認められます。

解　説

　本件仮差押命令申立てに係る家屋の評価は320万円であるところ，被保全債権を800万円とする本件に先行する仮差押えがあることから，無剰余になるのかが問題となります。

　強制執行手続においては，目的物の価額が請求債権額に比してあまりにも僅少である場合や目的物に抵当権等の担保の負担がついており剰余価値がない場合は，保全の必要性が認められません。差押え債権者にとって無益であるだけでなく，差押債権者よりも優先する債権者が存在する場合，優先債権者の全ての債権の回収が見込まれないということであり，劣後債権者の申立てによって，優先債権者が望んでいない時期に目的不動産が強制的に換価されることは，優先債権者の利益を害することにもなるからです（無剰余差押えの禁止，民執法129条）。

　民事保全手続においても，同じ考え方に基づき，無剰余等の場合は，

保全の必要性がないと判断されます。

　しかし，先行する差押えが仮差押えであるとなると，順位を保全しているに過ぎないのであり，その段階では必ずしも本執行に移行するとは限りません。そうしたことから，先行する仮差押えについてこれを目的物の価額の評価に影響を与えないとすることも考えられます。

　ただ，本設問のように，先行する仮差押えが被保全債権を800万円としており，仮に全額を評価した場合，無剰余となるようなケースでは，やはり全く無視するというのも目的物の価額の評価としては適切とは言えません。

　そこで，このようなケースでは，先行する仮差押えの評価として，確定的な優先的担保価値を把握している抵当権などと異なり，本執行に移行した場合の暫定的な順位を保全しているに過ぎないものとして目的物の価額から3割程度を控除するということが考えられます。

　先行する仮差押えについて，抵当権等の担保と同様に全額控除するのではなく，かといって全く評価しないのでもなく，いわばその中間的評価ということになります。

　そうすると，本設問に当てはめてみると，目的物である家屋の価額が320万円ですから，その3割を控除した224万円を目的物の評価額とするのが相当であると考えることができます。

　そして，この場合の担保額は，貸金債権を被保全債権とする不動産の仮差押えですので，おおむね目的物の評価額（224万円）の2割程度で45万円程度が適切な担保額であると予想できます。

　なお，仮差押解放金は，請求債権額を基準とすべきとする見解（請求基準額説）と，目的物価額を基準とすべきとする見解（目的物価額基準説），仮差押解放金は，仮差押えの目的物に代わって金銭債権の

執行を保全するために供託されるものであり，仮差押え目的物の代替物であるから，仮差押解放金は，請求債権額を上限として目的物の価格が基準となるとし，目的物価額が請求債権額を下回る場合は目的物価額を基準とし，目的物価額が請求債権額を上回る場合は請求債権額を基準とすべきとする見解（折衷説）があります。

　実務では，この折衷説に従い，仮差押解放金は請求債権額と同額とするのを原則とし，本設問のように目的物の価格が請求債権額より低いことが明らかである場合は，解放金を目的物の価格と同額にしています。

　ですから，本設問における解放金は224万円ということになります。

　以上から，本設問の不動産の仮差押えの申立てについては，保全の必要性については問題なく発令は認められますし，その担保額は，おおむね45万円程度，発令時の仮差押解放金は224万円ということになります。

　なお，目的物の価額については，申立人がその評価額を上申するという場合もあります。

第14　自動車の引渡断行仮処分　必要性判断

> 問題14
>
> 　自動車の引渡断行仮処分の申立てに関し
>
> 1　必要性を判断するのに，請求債権額と比較する自動車の価格
> は何が基準になりうるか。
>
> 2　自動車の価格が請求債権額を上回っている場合に，引渡断行
> 仮処分は認められるか。

回　答

1　中古車価格情報誌等から，下取価格，卸売価格，小売価格が疎明
されている場合，引渡断行仮処分の必要性判断では，小売価格や卸
売価格よりも下取価格を基準にすることが多いようです。

2　請求金額が下取価格を上回っている場合，その幅によっては引渡
断行仮処分の必要性が認め難くなり，占有移転禁止仮処分が相当と
判断されてしまうこともあります。

解　説

1　回答1

　債権者である業者が引渡断行仮処分に基づき対象自動車を実際に
引き揚げた場合，請求債権に対する遅延損害金の継続的発生，期間
経過と走行距離の増加による車両価格の低減などを考え，場合に
よっては，本案訴訟又はその確定前であっても，少しでも早く換価
処分をしたいということになります。

　対象自動車について，①下取価格，②卸売価格，③小売価格がそ
れぞれ判明しているとすれば，通常，その価格の大小は，①＜②＜
③となります。仮に業者において，引き上げ後，間もなく換価処分

をするとなると，対象自動車を他者に引き取ってもらう金額は，①下取価格に近いものになることも少なくありません。

　そうだとすると，下取価格こそが，引き揚げ業者にとっての対象自動車の現実的な経済的価値に近いものとなりますので，結局，業者としては，債務者の残債務である請求債権を，この下取価格相当額で精算するほかありません。そのような事情が，引渡断行仮処分の必要性を検討する上で，請求債権額と比較する場合に，下取価格を基準とするのが妥当であろうと考える一つの理由になります。

　ただし，一番低い価格である下取価格を基準とするということは，それより高額の小売価格や卸売価格を基準とするよりも，それだけ，引渡断行仮処分が認められるハードルを下げている，つまり，事実上，債務者に不利な判断がしやすくなっているわけです。

　これに関しては，引渡断行仮処分の必要性について，請求債権額と比較する基準を下取価格とするとしても，発令に先立つ担保額の算定基準について，必ずしも下取価格にしなければならないというものではなく，債務者に発生する損害の填補という視点から，担保の算定基準を小売価格として，担保額算定の割合を高く設定することでバランスがとれる，つまり，引渡断行仮処分の緊急性・必要性とその後の現実の換価処分後の回収見込み債権等の実情から，認容のハードルを下げつつ，その執行により債務者に損害が生じた場合の担保を重くするということでバランスがとれるという見方もできます。

　自動車の引渡断行仮処分についての担保額の算定基準等については，本編の問題15（本書54ページ）を参照してください。

2　回答2

　自動車の価格を下取価格として，引渡断行仮処分の必要性は，基本的には，以下のように考えられています。

A（請求債権額）＞B（自動車評価額）＝引渡断行仮処分が可能

A（請求債権額）＜B（自動車評価額）＝占有移転禁止仮処分が相当

　例えば，債務者の自動車代金等分割払の残債務が100万円であり，所有権留保付きの対象自動車の評価額である下取価格が80万円であれば，引渡断行仮処分の必要性は認められますが，この下取価格が120万円であると，占有移転禁止仮処分が相当ということになります。

　仮に占有移転禁止仮処分が相当だとしても，自動車の場合，債務者保管では意味がありませんし，執行官保管等では，ただでさえ期間経過による車両価格の減価があるというのに，保管費用等がかかるため，債権者にとってあまり実益がなく，引渡断行仮処分が認められないとなると，ほとんどの場合，取下げとなります。

　基本的には，以上のように，請求債権額が自動車評価額を下回ると，引渡断行仮処分の必要性が認められないということになりますが，これには次のような例外もあります。

　例えば，申立て時点においては，A（請求債権額）＜B（自動車評価額）であったものの，その後，短期間で，A（請求債権額）＞B（自動車評価額）となる見込みのある場合などです。

　この具体例を少し考えてみましょう。

　仮に，申立の時点で，債務者の残債務が64万円，中古車価格情報誌による同車種の下取価格が67万円であるとすると，一応，請求債権額が自動車評価額を3万円下回っており，引渡断行仮処分の必要

性に疑義があることになります。

　しかし，残債務に対する遅延損害金は，月に約1万円生じており，車両価格は1か月に約1万円減少している状況であるとすると，2か月後には債権額と車両価格の大小が逆転することが見込まれます。

　したがって，申立時においては，必要性が認められないものの，その後，近いうちに請求債権額が自動車評価額を超えると見込まれることから，引渡断行仮処分は例外的に認められる場合があります。

3　必要性に関する特異な事例

　自動車の引渡断行仮処分の申立てにおいて，残債務である請求債権額が300万円，自動車の評価額が320万円であり，自動車価格の方が請求債権額よりも20万円上回っていたので，その必要性について問題がある旨を申立人代理人に伝えたところ，以下について追加で主張疎明をしてきました。

　同一債務者の請求債権額等の追加の主張

　①　本件の立替払等契約の条項中に，引渡しを受けた自動車の換価代金を残債権に充当して剰余が生じた場合には，同一の債務者に対する他の自動車に係る残債権に充当する旨の定めがある。

　②　今回，同時に申し立てた同一債務者に対する別の自動車引渡し断行仮処分（以下「別件」という。）においては，残債権が200万円であるのに対し，自動車評価額は150万円であり，換価充当後においてもなお50万円の不足が見込まれる。

　③　よって，別件における上記不足額を本件の残債権額に追加する。そうすると，本件の残債権額は合計500万円となり，請求

　債権額が２台の自動車価格合計470万円を30万円上回ることと
なるから，引渡し断行仮処分の必要性がある。

　上記のとおり，本件自動車の換価代金によって弁済に充当される
べき債権額が追加され，それが疎明されたことで，本件及び別件を
合わせて保全の必要性が認められることとなりました。

　この事件は本件と別件を合わせて保全の必要性が主張された特異
な事案ではありましたが，別件の自動車についても同時に引渡断行
の仮処分申立てがあったので，両者の保全の必要性について判断し
やすい面があったといえます。しかし，例えば，別件の自動車につ
いては，まだ立替金債務の期限の利益が喪失していないとか，まだ
仮処分申立がされていないといった場合には，仮に別件の自動車の
残債権額が本件のそれに追加されたとしても，契約内容によっては，
本件の保全の必要性は個別の判断とせざるを得なかったものと思わ
れます。

第15 自動車の引渡断行仮処分　担保の算定基準と担保評価

> 問題15
>
> 　自動車の引渡断行仮処分の申立てに関し
>
> 1　担保の算定には，何が基準になりうるか。
>
> 2　1の算定基準に対して，どの程度の割合で担保額が決められ
> るのか。

回　答

1　中古車価格情報誌等から，下取価格，卸売価格，小売価格が疎明
　されている場合，引渡断行仮処分の担保算定は小売価格を基準にす
　ることが多いようです。

2　引渡断行仮処分の場合，債務者の不利益が大きいことから，担保
　額が高額に設定されることが多いようです。

解　説

1　回答1

　　対象自動車について，①下取価格，②卸売価格，③小売価格がそ
　れぞれ判明している場合，通常，その価格の大小は，①＜②＜③と
　なります。

　　引渡断行仮処分の必要性を検討する上では，請求債権額と下取価
　格を比較し，請求債権額が下取価格を上回る場合に，その必要性が
　認められます（本編の問題14（本書49ページ）参照）。

　　これに対し，発令に先立つ担保額は，執行に伴って債務者に発生
　しうる損害を担保するためのものですから，その担保の算定基準を
　下取価格とするのは必ずしも妥当だとは言えません。

　　やはり，債務者の損害という視点から考えると，再調達価格を考

えるべきですので，ここは，小売価格とするのがより妥当であると
思われます。

2 回答2

引渡断行仮処分となると，対象自動車そのものが債務者から引き
上げられてしまうので，執行に伴う債務者の受けるおそれのある損
害は大変大きなものになります。

そうしたことからすると，小売価格を基準としつつ，その算定割
合も，不動産の仮差押えなどと比較しても，それなりに高く設定さ
れる傾向にあり，実際には，小売価格の6割～7割程度とすること
が多いものと思います。

第16 占有移転禁止仮処分執行後の引渡断行仮処分への切り替え

> 問題16
>
> ある印刷工場の印刷機械類に対し，債務者に使用を許す執行官保管としての占有移転禁止の仮処分が既に執行済み（以下「先行仮処分」という。）のものがあった。
>
> しかし，債務者には，既に先行仮処分の執行直前に，仮処分の対象となる印刷機械類の一部を売却処分したり，執行官の貼付した封印を毀損したりする行動が見られたことなどから，先行仮処分で執行済みの印刷機械類について，更に毀損や処分のおそれが高いとして，先行仮処分と同一の債権者から同一の印刷機械類について，新たに引渡断行を求める仮処分の申立てがなされた。
>
> この申立ては認められるか。

■ 回 答

 先行仮処分の執行を受けた債務者に，本設問のような仮処分の対象物の処分や封印の棄損等のおそれについて十分な疎明があれば，引渡断行の仮処分（以下「後行仮処分」という。）の申立てが認められる場合があります。

■ 解 説

 本設問では，既に先行仮処分が執行済みであることから，同仮処分をそのまま維持した状態で引渡断行仮処分の申立てをするということになると，同一の目的物に対する二重申立てということになります。

 このような二重申立ての場合，先行仮処分が維持されたまま，後行仮処分について担保決定をするとなると，保全の必要性や担保金額の

算定に関していかに考慮すべきか問題となりますが，そもそも先行仮
処分が債務者の占有を許す執行官保管であるところ，後行仮処分が引
渡断行ですので，かたや債務者占有を許し，かたや債務者の占有を奪
うわけですから，それぞれが相矛盾する保全命令になってしまいます。

　本設問では，先行仮処分である占有移転禁止の仮処分では保全が奏
功していないのですから，引渡断行の仮処分の必要性は認められると
いってもよいと思われますが，前述したように先行仮処分と後行仮処
分は相矛盾する保全命令ですから，担保額の算定において，先行仮処
分を生かしたまま同仮処分の担保額を一部流用するということはでき
ません。

　ですから，債権者において，どうしても引渡断行の仮処分を求めた
いということであれば，まずは，先行仮処分を取り下げた後，後行の
断行仮処分の申立てをするというのが，本来の申立て方法ということ
になるでしょう。

　しかし，本設問では，債務者は，先行仮処分が執行されている中に
おいても，目的物を売却処分するなり封印を棄損するなどしている状
況がうかがえるものですから，先行仮処分の執行を解放してからとい
うことになると，後行仮処分の執行に着手するまでの間に，目的物が
処分等されてしまう可能性がますます高くなってしまうおそれもあり
ます。

　このような場合の一つの方策として，債権者から，断行引渡の仮処
分の発令後の執行前に，速やかに先行仮処分を取り下げることを約し
た旨の上申書を提出してもらうなどして，申立てを認めて発令すると
いうことが考えられます。

　この場合，断行引渡の仮処分の執行については，先行仮処分の解放

と同時にされるように執行官に事前に依頼するなどして，そのタイムラグをなくすことで，債務者による目的物の処分等の機会をできる限り奪うことができます。

第17　連帯保証人のみに対する自動車の引渡断行仮処分

問題17

　債権者Ｘは，自動車購入者であり主債務者であるＡが分割払い
を怠り期限の利益を喪失したが，Ａが所在不明であるため，Ａの
妻である連帯保証人Ｙから債権回収を試みたが拒否された。

　そこでＸは，Ｙのみを相手方として，所有権留保付きの対象自
動車（車検証の使用者名義はＡ）について引渡断行仮処分の申立
てをした。

　なお，ＡとＹが本件申立の1か月前に離婚した後，Ａは対象自
動車をＹの住所地においたまま出奔して所在不明となり，Ｙが対
象自動車を使用している状況がうかがえた。

　本件申立てに問題はないか。

■　回　答

　主債務者であるＡに対しても併せて，対象自動車に対する引渡断行
仮処分の申立てをするべきです。

■　解　説

　対象自動車についての連帯保証人Ｙの法的な地位として考えられる
のは，①Ａの占有代理人（民法181条），②Ａとの共同占有者，③Ａの
占有補助者のいずれかです。

　①及び②の場合，Ｙに固有の占有権限が認められますので，契約内
容にもよりますが，Ａが期限の利益を喪失し，Ｙも連帯保証債務を履
行していないのであれば，Ｙ自身の対象自動車に対する固有の占有権
限が喪失したとして,所有権に基づく引渡請求権を被保全債権として，
Ｙを相手に引渡断行仮処分をすることはできます。

③の場合は，Ｙが単なるＡの占有補助者に過ぎませんので，対象自動車についてＹの固有の占有権限は認められません。ですから，対象自動車の引き上げについてＹを相手にする必要はないわけですが，手続を明確にする趣旨からＹについても引渡断行仮処分をしておいた方が間違いはないという見方もできます。

　ところで，これまで述べてきたように，対象自動車の引渡断行仮処分について，Ｙを相手方にするのは良いとして，これだけで対象自動車を引き上げることには問題ないでしょうか。

　自動車購入の契約書や車検証から明らかですが，自動車の代金を分割払いで購入したのは，あくまで主債務者であるＡです。

　本設問の問題文によれば，Ａは，Ｙと離婚した上，住所地から出奔して所在不明となっていることなどから，Ｘとしては，Ａからの債権回収を事実上あきらめています。

　Ａについて以上のような事情が認められるとしても，対象自動車の購入者であり主債務者であるＡにこそ，元々の対象自動車に対する占有権限があったはずであり，期限の利益を喪失してその占有権限を失ったＡに対象自動車の引渡義務があるのは当然のことではないかと思われます。

　また，引渡断行仮処分は，その結果として，事実上，強制執行をしたのと同じ効果がある重大な処分ですから，仮に本設問のようにＡが所在不明になったとしても，その仮処分においてＡを相手にすることなく対象自動車の引き上げを実行してしまうのは，やはり問題があります。

　ここは，Ａの所在調査についてできる限りの手を尽くした上で，その所在不明が証明できたところで，Ａについても対象自動車の引渡断

行仮処分の申立をすべきです。

この場合，Aへの送達については公示送達にならざるを得ませんが，仮処分の発令後，公示送達の効力発生を待っていては，それだけで2週間が経過し（民訴法112条1項），仮処分の執行ができなくなります（民保法43条2項）。保全命令は債務者にも送達する必要はありますが（民保法17条），その送達時期は執行の前後を問いませんから，AとYに対する仮処分の申立を同時に行い，Aについての送達は申立後に公示送達で，Yについては執行後に送達する方法で，それぞれ行えばよいわけです。

なお，このようなケースでは，XとAとの間で契約上の合意管轄が認められても，YはXと契約関係にない場合，管轄が認められないことがあります。

そのような場合は，Aの管轄裁判所に，AとYを共同訴訟人として本案の訴えを提起して，YについてAと同一裁判所に保全裁判所の管轄を発生させます（民訴法38条前段，同法7条）。その上で，Yについて密行性を害しないように断行仮処分執行後に本案の訴状を送達してもらう旨，本案裁判所に上申するなどすることが考えられます。

第18 同一被保全債権に基づく複数の仮差押えと仮差押解放金の共用

問題18

　最初の債権仮差押え（以下「第１仮差し」という。）の功を奏した金額が被保全債権額に満たない場合，同一被保全債権に基づき債権仮差押え（以下「第２仮差し」という。以降，その回数ごとに「第３仮差し」「第４仮差し」という。）は認められるか。

　また，第１仮差し及び第２仮差しを合わせてもなお，その奏功額が被保全債権に満たない場合，順次，第３仮差し，第４仮差しは認められるか。

　認められるとして，その場合の仮差押解放金はどのようになるか。

回　答

　奏功額が被保全債権に満たない場合は，第２仮差し，第３仮差し，第４仮差しも認められます。

　その場合の仮差押解放金は共用の方法によることになります。

解　説

1　同一被保全債権に対する複数の仮差押えの可否

　かつて，同一被保全債権に対する複数の仮差押えについては，これを肯定する考えと否定する考えが激しく対立していましたが，平成15年１月31日に最高裁がこれを肯定する旨判示しました。これは，不動産の仮差押えに関するものですが，その趣旨は，１件目の仮差押えによって被保全債権額の一部しか押さえることができなかったときには，被保全債権額から奏功額を控除した残額の限度で保全の

必要性があるとして，上記控除後の金額を限度として1件目とは別の仮差押えすることが許されるというものです（最二小決平15. 1. 31）。この最高裁の決定により，同一の被保全権利について複数の仮差押えが可能であることは明らかとなりました。

　なお，第2仮差しによってもなお被保全債権額に満たないときには，前記最高裁決定の趣旨からして，第3仮差し，第4仮差しもできるものと解されています。

2　仮差押解放金額の一般的な定め方

　仮差押解放金は，その制度趣旨からして，債務者が仮差押えの執行の停止又はその取消しを得るために，いわば仮差押えの目的物の代替物として供託する金銭であることから，その額を裁判所が定める場合には，原則として目的物の価格（不動産の価格や仮差押債権額）が基準となり，目的物の価格が請求債権額を上回る場合は（主に不動産の場合。債権仮差押えの場合は，通常，請求債権額を上回る額の債権を仮差押えすることは認められない。）請求債権額を基準として算定されているのが一般的です。そうはいっても，目的物の価格は，仮差押申立ての時点において必ずしも判明しているとは限らず，特に債権仮差押えにおいては，仮差押えの対象となる債権が実際にいくら存在しているかは，仮差押命令正本を第三債務者に送達した後，第三債務者から仮差押えに係る債権の有無・金額等に関する陳述書（民保法50条5項，民執法147条，民保規則41条2項，民執規則135条）が提出されて初めて判明するので，多くの場合，請求債権額と同額の仮差押債権額を記載して申し立てられます。ただし，債権者において，仮差押えの対象である債権の実質額が請求債権額よりも低いとの見込みが立っているときには，初めから請求

債権額より低い額を仮差押債権額として申し立てられることもあります（当然ながら，実際に仮差押えに奏功する金額は，見込んでいた仮差押債権額を更に下回ることがあります。）。いずれの場合においても，解放金の額は，仮差押債権額を基準にして定められます。

3　解放金の共用

(1)　解放金の共用の必要性

同一の被保全債権のために複数回にわたって仮差押えをする場合においても，各事件について個々に執行の取消等を求めることが想定される以上，解放金の金額は，上記2にしたがって，それぞれ各事件における仮差押債権額を基準にして定めることになります。

しかし，このようにして定められた各事件の解放金額を合計すると，往々にして，被保全債権の全額を超える金額となってしまうことがあり，そのままにしておくと，すべての仮差押えの執行を取り消すためには被保全債権額の全額を超える金員の供託が必要ということになってしまいます。前記2で触れたように仮差押解放金は，仮差押えの目的物の代替物として供託する金銭ですから，同一の債権を保全するために仮差押えが仮に何本執行されていても，解放金としては，被保全債権の全額に相当する供託があれば足りるはずであって，それを超える金額の金員を供託させるのは，相当とはいえません。

このような場合に，先行する第1仮差しに係る解放金の供託をもって，第2仮差し等の後行の仮差押えの解放金の供託とすることができることとし，被保全債権の全額と同額の金員を供託すれば，すべての仮差押命令の執行を取り消すことができるようにし

たのが「仮差押解放金の共用」と呼ばれる方法です（前掲最二小
決平15. 1. 31）。

(2)　共用の具体的方法

　例えば，債務者に対する700万円の債権を保全するため，請求
債権700万円，仮差押債権560万円，解放金560万円として仮差押
命令を得た（第1仮差し）ところ，第三債務者の陳述により仮差
押債権の実額が300万円しかないことが判明したとします。そこ
で，さらに追加して，請求債権700万円，仮差押債権400万円，解
放金400万円とする2件目の仮差押命令を得る（第2仮差し）場合，
債務者が第1仮差し及び第2仮差しのいずれについても仮差押命
令に表示された解放金額全額に相当する金員を供託しなければな
らないとすると，第1仮差しの解放金は560万円と第2仮差しの
解放金400万円の合計960万円となり，被保全債権の全額である
700万円を超えてしまうことになります。

　前述したように解放金は，その制度趣旨からして被保全債権を
超えることはできませんから，上記合計額960万円のうち被保全
債権全額の700万円を超える部分である260万円については現実の
金員の供託を要しないものとし，第1仮差しの解放金（560万円）
のうちの260万円を第2仮差しの解放金として共用することがで
きることとし，第2仮差しについて現実の金員として供託すべき
解放金は，本来の解放金400万円のうち前記共用額260万円を差し
引いた残りの140万円で足りるとするわけです。こうすることに
より，解放金として現実に供託する金員の合計額は，第1仮差し
の560万円と第2仮差し140万円の合計700万円であり，被保全債
権の全額と同額になります。

これが前掲最高裁決定の考え方であり，いわゆる仮差押解放金の共用といわれています。

　この仮差押解放金の共用について，前記事例を元にした第2仮差しの主文は「上記本事件（第2仮差し）の仮差押解放金と○○裁判所令和2年○第○○号事件（第1仮差し）の仮差押決定における仮差押解放金として供託した金額の合計額が700万円を超える場合には，本事件の仮差押解放金の供託は，当該超過する金額について，上記供託によってもすることができる。」と表示することになります。

　この主文に関し，「仮差押解放金として供託した金額の合計額が700万円を超える場合には……当該超過する金額について」などとするのではなく，前記事例でいえば，端的に「260万円」と明示してもよいように思われます。しかし，定額を表示すると，次のような場合に不都合が生じることがあります。

　前記事例でいえば，第1仮差しについて，債務者が保全異議を申し立て，仮差押債権が実質300万円しかないことを理由として解放金額を560万円から300万円に減額する決定を得たとします。そうすると，第1仮差しの解放金は300万円，第2仮差しの解放金は400万円で，その合計額は700万円（300万円＋400万円）となり，被保全債権全額を超えないから解放金の共用は必要がないこととなります。それにもかかわらず2件目の仮差押命令主文に共用額として「260万円」という定額が記載されていると，第1仮差しについて300万円，第2仮差しについて140万円（解放金額400万円－共用額260万円），合計440万円の供託によって全部の執行取消等を得られるとの誤解や疑義を招くおそれがあります。第

1仮差しの供託金額が変動する可能性を見込んで「合計額が700万円を超える場合には，本事件の仮差押解放金の供託は，当該超過する金額について，上記供託によってもすることができる」としておけば，上記の誤解等を招くおそれはありません。

(3)　3本以上の仮差しがある場合の解放金の主文について

例えば，第1仮差しについては，その預金口座が債務者にとって重要なものでないため，執行解放を希望せず，第2仮差し及び第3仮差しについてだけ執行解放を求めようとする場合があることなども考慮すると，主文は，「上記本事件（第3仮差し）の仮差押解放金と当庁令和2年○第○○号事件（第1仮差し）又は同○○号事件（第2仮差し）の仮差押決定における仮差押解放金として供託した金額の合計額が○○円を超える場合には，本事件の仮差押解放金の供託は，当該超過する金額について，上記いずれかの供託によってもすることができる。」とします。これは債務者にとって，影響の大きな仮差しについて，選択的に解放金を供託して執行解放できるようにするためです。

第19 保全異議審における決定と仮差押解放金

問題19

　債権者Aの債務者Bに対する貸金債権100万円を被保全債権として，B所有の不動産（余剰価値150万円）についての仮差押えの申立てがあり，保全裁判所は，これを認めて発令した。これに対し，Bは，Aに対する反対債権である70万円の相殺を主張して，保全異議を申し立て，異議審は，これを認めて，以下の主文のとおり変更決定をした。

(1)　債権者と債務者との間の○○簡易裁判所令和3年（ト）第8888号不動産仮差押命令申立事件について，同裁判所が令和3年2月10日にした仮差押決定の主文中，請求債権額が30万円を超える部分を取消し，その余の部分を認可する。

(2)　上記取消しに係る部分につき，債権者の上記仮差押命令の申立てを却下する。

(3)　申立費用は債権者の負担とする。

　上記主文によれば，請求債権額のみが30万円に変更となったものと解されるが，その余については原決定が認可されていることから，原決定のうち仮差押解放金（以下「解放金」という。）については100万円が維持されているということか。

　なお，原決定の解放金は，請求債権額を引用する定型書式を使用していた。

　異議の申立の代理人はいかにすべきか。

回　答

代理人としては，請求債権額について一部取消があったにもかかわ

らず，解放金の定めが原決定のまま認可されていることなどを理由と
して，保全抗告の申立ての要否を検討し，直ちに対応するべきです。

解 説

民保法22条1項には「仮差押命令においては，仮差押えの執行の停
止を得るため，又は既にした仮差押えの執行の取消しを得るために債
務者が供託すべき金銭の額を定めなければならない」と定められてい
ますが，これが解放金です。

解放金は，一定額の金銭を仮差押えの目的物に代わるものとして債
務者に供託させることによって，当初の仮差押えの目的物を仮差押え
から解放して債務者にその自由な処分を認め，他方で，解放金に仮差
押えの効力を及ぼすことによって，金銭債権の執行の保全という債権
者の目的を損なわないようにするための，いわば，債権者と債務者と
の間の利害均衡を図る制度です。

この解放金は，仮差押えを認める場合は，必ず定めなければならず，
これは主文中に記載されます。

本設問においては，異議審の決定が，原決定の請求債権額を変更し
たのみであり，解放金について何ら明示していません。

そうすると，この主文については，①主文に解放金の定めを脱漏し
た違法なもの，②解放金については原決定が認可されており金額に変
更がない，あるいは，③異議審が原決定の債権目録を変更しており，
原決定の解放金の定めが同目録を引用している以上，原決定の解放金
も変更された，のいずれに解すべきでしょうか。

そもそもこのように決定書の主文が，多義的に解されること自体問
題ですが，既に主文がそうなっている以上，これを前提に対応を検討
せざるを得ません。

まず、①に当たる決定であると解するならば、これを違法な決定として保全抗告を検討することになります。また、異議審の決定主文によれば「請求債権額が30万円を超える部分を取消し、その余の部分を認可する。」とあるので、解放金の定めについては100万円のまま認可されていると解されます。そうなると②のように解されることになりますが、解放金の制度趣旨からして、請求債権額が30万円に変更されたにもかかわらず解放金が100万円では高額に過ぎることを理由として、やはり保全抗告をするべきであるということになります。

　なお、原決定が解放金の定めにおいて請求債権額を引用しているのだから、異議審の決定書が原決定の請求債権額を変更しているのであれば、上記③のように解放金も異議審の決定にあわせて変更されたものと考えてよいと解するのは、請求債権額の一部取消以外について認可している主文の趣旨からして無理があるものと思われます。

　仮に③のように解することが可能だとしても、既に述べたように主文が多義的に解されること自体、非常に問題であり、やはり、異議申立をした代理人としてはそのまま放置するということはできないものと思われます。

　いずれにしても問題のある主文であることはほぼ間違いなく、代理人としては、このような事態に備え、異議審の決定書主文について十分にチェックする必要がありますし、保全抗告の申立ての要否について適時適切に検討し、速やかに対応する必要があります。

第20　起訴命令不遵守による保全取消の申立権者

問題20

　平成24年10月15日，AがBから1000万円を借り受けた際，Aは所有していたワンルーム・マンション（1500万円相当，以下「本件建物」という。）を譲渡担保とする契約をしていたが，急に本件建物を1800万円でCに売却できる話が持ち上がり，登記移転を渋っていたところ，同年12月15日，Bが本件建物につき甲地方裁判所に対し処分禁止の仮処分（以下「本件仮処分」という。）を申し立てて発令された。

　その後，本件建物は本件仮処分が付いたまま，平成25年1月15日，AからCに売り渡された。

　令和2年11月30日，CはBに対し，甲地方裁判所に対し起訴命令の申立てをし，同裁判所は令和2年12月10日，決定謄本送達の日から1か月以内に管轄裁判所に本案訴訟を提起しなければならない旨（この期間を，以下「起訴期間」という。）の起訴命令を発令したが，Cは，その起訴期間の経過を待たず，令和2年12月20日に，Dに本件建物を本件仮処分が付いたまま売り渡した。

　その後，Bは本件に関し何ら訴えを提起することなく，令和3年1月15日をもって起訴期間が経過した（以下「起訴命令不遵守」という。）ところ，その後の令和3年2月1日に，申立人Dは，「C承継人D」として，Bに対し，起訴命令不遵守による保全取消の申立てをした。

　DをCの承継人とする申立てで問題はないか。

Dは，本件保全取消の申立てを取り下げ，新たに起訴命令の申立てをした上，起訴命令不遵守による保全取消の申立てをしなければなりません（民保法37条）。

なお，Dが，Cの起訴命令の申立てを利用する形で，事情変更による保全取消の申立て（民保法38条）をする方法も考えられます。

1 起訴命令の申立てと起訴命令不遵守による保全取消し

保全命令は，本案訴訟等の提起による権利関係の最終的な確定にいたるまで暫定的に債権者の権利等に対して仮の保護を与えるものであり，これに続き本案訴訟等が提起されることが当然に予定されている本案に付随的な措置です。しかし，債権者がいつまでも本案訴訟等を提起せずにいると，この暫定的・仮定的な措置がいつまでも継続することになり，債務者にも過大な負担を負わせることになってしまいます。

他方で，債権者としては，本来であれば，保全命令を得た以上できるかぎり速やかに本案訴訟を提起するなどして権利の実現を図るべきところ，相当期間にわたってこれを怠っているということは，単に保全命令を濫用するだけの権利の実現に意欲を欠いたものと評価されてもやむをえません。

そこで，こうした状態から債務者を救うために，民保法では，債権者に対し，一定期間のうち本案訴訟等を提起しない場合に，保全命令の取消しの申立てを債務者に認める起訴命令と起訴命令不遵守による保全取消しの制度を定めています（民保法37条）。

2 本設問の問題点

　ところで，本設問のように，起訴命令の申立てをした者が，起訴期間の経過を待たずに本件土地を第三者に売り渡している場合，起訴命令不遵守による保全取消の申立権者は誰になるのでしょうか。

　実は，この問題は，そもそも起訴命令の申立権者が誰にあるのかというところから考えていく必要があります。

　この申立権者は，債務者及びその一般承継人並びに破産管財人等の包括的な財産管理人であるとされています。その他，本設問のような仮処分の目的物の特定承継人にも起訴命令の申立権があるかについては，①本設問のような処分禁止の仮処分などの係争物に関する仮処分は，民事訴訟における訴訟承継主義を補完する当事者恒定効を持たせるための法制度であり，仮処分の目的物の特定承継人に，起訴命令の申立権を認めるのは，こうした仮処分の制度趣旨に合致しないとする考え方（消極説）と，②仮処分の目的物の特定承継人は，債権者の持つ特定物に対する給付請求権の相手方として債務者の訴訟上の地位を承継していると言えるなどの理由から，申立権を肯定する考え方（積極説）がありますが，現在の通説判例は，おおむね積極説によっているものと考えられます。この積極説によれば，本設問では，本件建物の特定承継人であるＤにも起訴命令の申立権があることになります。

　そうすると，Ｄは，そもそも自分の立場で，Ｂに対し起訴命令の申立をして，その後，起訴命令不遵守による保全取消の申立をすること自体には問題はなさそうです。

　それでは，次に，本件建物の元特定承継人であるＣが申し立てたＢに対する起訴命令に係る起訴命令不遵守を理由として，Ｄが保全取消しの申立てをすることはできるでしょうか。

これはできないと考えるべきでしょう。前述したように，仮処分の目的物の特定承継人に起訴命令の申立権を認める積極説の論拠の一つとするところに，仮処分の目的物の特定承継人は，債権者の持つ特定物に対する給付請求権の相手方として債務者の訴訟上の地位を承継していることが挙げられています。つまり，これは，それぞれの特定承継人が債権者との間でそれぞれに固有の紛争を抱えうるということですから，Bを債権者（原告），Cを債務者（被告）として起訴を命じる旨のCの申立てにおいて，Bに起訴命令不遵守があったとしても，それは，その後のCの特定承継人であるDに対して起訴しなかった，つまりDに対する起訴命令不遵守とはならないわけです。

　ですから，Dは，Cの起訴命令申立後に本件建物の特定承継人になったとしても，Cの起訴命令の手続に乗って，起訴命令不遵守を理由として保全取消の申立てをDの名前ですることができないことはもちろん，「C承継人D」などとして申し立てることもできないということになります。

　したがって，本設問では，Dは，「C承継人D」として申し立てた，Bに対する起訴命令不遵守を理由とした保全取消の申立てを取下げた上，もう一度，D自身を申立人として，Bに対する起訴命令の申立てをした上で，さらにD自身の名において起訴命令不遵守を理由とする保全取消の申立てをする必要があります。

3　事情変更による保全取消の申立て

　ただ，これでは，せっかくのCの起訴命令の申立てが無駄になってしまうという考え方もあります。これに関し，一つのアイディアとして，Cの起訴命令申立てによるBの起訴命令不遵守の事実を活

用する方法が考えられます。

　それは，事情変更による保全取消の申立て（民保法38条）による方法です。この保全取消の申立ての理由には，被保全権利に関する事情の変更のほか，保全の必要性に関する事情の変更がありますが，後者には，債権者が保全意思を放棄し又は喪失したと認められる場合が含まれると解されています。

　これを本設問に当てはめてみると，債権者であるBは，本件仮処分をした後，既に約8年間の長期にわたって本案提起等をすることなく，また，Cによる起訴命令に関しても何ら起訴等することなく起訴期間を徒過しています。これらの事実からすると，これはDに対する起訴不遵守の結果ではないにしても，もはやBは保全意思を放棄し又は喪失したと評価できるものと思われます。

　したがって，Dは，起訴命令の申立を一からやり直さなくとも，Bの保全意思の放棄又は喪失を理由に，本件仮処分について保全の必要性に関する事情の変更があったとして保全取消の申立てをすることが可能であり，Cの起訴命令の申立手続を事実上生かすという意味では，合理的かつ早期に手続を完了させることができる一つの方法になりうるものと思われます。

　いずれにしても，本設問の結論としては，Dは一旦申立てを取下げた後，起訴命令の申立てを一からやり直すか，Dにおいて，Cの起訴命令の申立てを生かして，事情変更を理由とした保全取消の申立てをしなければならないということになります。

第21　時効障害事由としての仮差押え

問題21

　Xは，Yに対して，平成21年2月1日，弁済期を同年10月1日とする約束で1000万円を貸し渡した（以下「本件貸金」という。）。しかし，Yが弁済しないため，Xは，平成21年12月1日，本件貸金を被保全債権としてY所有の不動産に対する仮差押命令（以下「本件仮差し」という。）を得てその登記を経た。その後，本件貸金について本案訴訟を提起し，平成22年3月10日，X全部勝訴の判決が確定した。本件仮差しは本執行に移行することなく，その判決確定から11年以上経過した令和3年3月31日に，YはXに対し，本件貸金について時効消滅を理由とする債務不存在確認訴訟を提起したが，請求は認容されるか。

回　答

　本設問は，平成29年法律第44号による改正後の民法（以下，改正前の民法を「旧法」と，現行民法を「新法」という。）が施行された令和2年4月1日以前の事実であるため，旧法が適用されます（改正民法附則10条1項）。

　仮差押えによって消滅時効は中断します（旧法147条2号）。この時効中断の効力は，仮差押えの執行保全の効力が存続する間は継続しますので，Yは，本件貸金について消滅時効を援用することはできません。したがって，本件貸金債権は時効消滅せず，債務不存在確認請求は棄却されます（最判平10，11，24）。

解　説

　仮差押えの時効中断の効力については，従前から，仮差押えの執行

行為が終了したときに中断事由が終了するとする非継続説，仮差押え
の執行行為終了後も，債権者の権利行使は継続するので時効は中断す
るけれども，被保全債権について本案勝訴判決が確定した場合には，
仮差押えによる時効中断の効力は，確定判決の時効中断の効力に吸収
され，判決確定後10年の時効期間の経過により債権が消滅するとする
継続・吸収説，仮差押えの効力が存続する以上，債権者の権利行使は
継続し続けるのであり，仮に被保全債権について本案勝訴判決が確定
しても，仮差押えによる時効中断の効力は，確定判決の時効中断の効
力に吸収されないとする継続・非吸収説に分かれていました。

　こうした諸説ある中で旧法時代，判例は，旧法147条が仮差押えを
時効中断事由としているのは，それにより債権者が，権利行使をした
といえるからであるところ，仮差押えの執行保全の効力が存続する間
は，仮差押債権者による権利行使が継続するものと解すべきであり，
このように解したとしても，債務者は，本案の起訴命令や事情変更に
よる仮差押命令の取消しを求めることができるのであって，債務者に
とって酷な結果になるものではない旨判示し（前掲判例），一貫して
継続・非吸収説の立場をとっていました。ですから，旧法が適用され
る本設問については，旧法時代の判例に従うと，仮差押えがある以上，
貸金債権は時効消滅にかからないということになります。したがって，
債務不存在確認訴訟は，請求棄却となります。

　なお，新法において仮差押えは，時効完成猶予事由となります（新
法149条1号）。時効完成猶予とは，一旦時効完成猶予事由が発生する
と，仮にその時効猶予期間中に消滅時効期間が満了したとしても時効
完成猶予事由が存在する間は時効が完成せず，その時効完成事由が止
んだ後も所定の期間が経過するまで時効を完成させないという制度で

あり，新法において時効障害事由に関し制度設計自体が見直されたことによる新たな時効障害概念です。

　新法149条によれば，仮差押えの事由が終了した時から6か月を経過するまでの間は，時効が完成しません。

第22　小切手支払禁止の仮処分

問題22

　Aは，B銀行振出の自己宛小切手（以下「本件小切手」という。）の正当な所持人であるがこれを紛失して所持していない旨主張し，Bに対し，小切手金請求権を被保全債権として，小切手金支払禁止の仮処分の申立てをしたが，この申立ては認められるか。

　なお，本件小切手は，呈示期間内に呈示されていなかったものである。

■ 回　答

　本設問の仮処分の申立ては認められませんので，却下せざるを得ません。

■ 解　説

　本件小切手の振出人であるBは，小切手上の義務としては償還義務を負っているに過ぎません。また，本設問でも出ているように，Aは，本件小切手について呈示期間内に呈示していないので，Bに対して遡及権も行使できなくなっています。

　本件小切手は，Bが振出人と支払人を兼ねた自己宛小切手であり，実務上は，呈示期間を相当程度経過した後にも支払いがなされているため，これを紛失したような場合は，小切手発行依頼人から支払銀行に支払停止の依頼がなされることはあります（小切手法32条1項）。

　しかし，それは小切手発行依頼人が実質的に支払委託者の立場にあるとみられることによるものであり，本設問では，Aは，本件小切手の発行依頼人ではなく，正当な所持人であったと主張しているに過ぎません。

したがって，AはBに対し，本件小切手の支払いを差し止めるような指示や依頼をできる立場にもありません。

　また，この支払停止の依頼があったとしても，基本的にその支払いをなすか否かはBの自由です。仮にAが小切手発行依頼人と同一の地位にある者であるとしても，Bに対する小切手金支払い停止の仮処分を認めることは，BとAとの間において本件小切手についての支払いをしない旨の合意が成立したものと同様の法律関係を作出してしまうことになり，このようなことは仮の地位を定める仮処分制度の許容するところではないと解されます。

　なお，仮に，Aが喪失したと主張する本件小切手について除権決定を得たとしても，これによりAが新たに本件小切手について遡及権を行使できるようになるわけでもなく，Bとしては，除権決定前に本件小切手上の権利を有効に取得した者が現れれば，その者の支払請求を拒むこともできないのであって，AはBに対しその支払いを拒むように求める権利もないということになります。

　そうすると，本設問の仮処分の申立てについては，その被保全権利は認められず，却下されることになります（東京高昭53.10.19小切手支払禁止仮処分申請却下に対する抗告申立事件）。

第23　担保取戻許可申立て

問題23

　引渡の断行仮処分を執行したところ，債務者の居所不明のため執行が不能であったとして，債権者が，民保規則17条１項に基づく担保取戻許可の申立てをしてきたが，この申立ては認められるか。

解　説

　保全命令の発令に際し，担保の提供が命じられるのは，万一違法ないし不当な保全命令又は保全執行によって債務者が損害を被った場合に，その損害の賠償を担保するためです。

　ですから，債権者が供託金を取戻すには，原則としては，その申立てにより，民訴法79条に定める担保提供の必要が消滅した事由に該当する場合，すなわち，

① 担保の事由の消滅（債権者の勝訴判決の確定など）

② 担保権利者たる債務者の同意

③ 担保権利者たる債務者の同意擬制

のいずれかの事実が認められることが必要となります。

　上記いずれかの事実が認められれば担保取消決定がなされ，債権者はこれにより同決定正本及びその確定証明書を供託物払渡請求書に添付して供託所に提出して，供託金を取り戻すことができます。

　他方で，保全命令の発令後，その執行の前に保全命令の申立てを取り下げるなどした場合，保全執行自体していないのですから，その保全命令により債務者に損害が生じないことが明らかといえます。保全命令の発令において担保を立てさせる趣旨からして，そのような場合

にまで，民訴法79条による担保取消決定による必要はないとの考え方から，民保規則17条1項による担保取戻許可の申立てが認められています。

　この申立ては，担保取戻許可申立書に，保全命令申立取下書や保全命令決定正本等を添付して裁判所に申し立てればよく，債務者は何ら関与せず，許可が下りればその許可決定により直ちに担保を取り戻せるため，債権者にとっては，民訴法79条による担保取消の申立てに比べて簡易な取戻手続きであるといえます。

　そこで，本設問についてもこの簡易な取戻手続きが認められるかですが，本設問の本件引渡の断行仮処分は保全執行の段階に至って執行不能となっているので，この場合に民保規則17条1項にいう「債務者に損害が生じないことが明らかである場合」といえるかどうかが一応問題となります。

　この点，やはり，保全執行に着手している以上，保全執行前と異なり，債務者に損害が生じないことが明らかであるとまでは言えないように思われます。

　ただ，本設問の執行不能の理由をみると，債務者居所不明とありますので，執行に着手したとはいっても事実上何らの執行行為もできなかったと推測されますので，債務者に対する損害が発生したとは考え難いところです。また，こうした場合，執行官がいわゆる「執行不能調書」を作成しており，これが資料として添付されています。ですから，具体的な執行不能状況はその調書をみることでわかるわけです。

　こうした執行不能の理由及びその執行不能調書の内容から判断できる執行状況からして，債務者に損害が生じないことが明らかであると認めることができるのであれば，債権者による民保規則17条1項によ

る担保取戻許可の申立ては認められることになるものと思われます。

　なお，前述したように，この手続による担保取戻許可の申立ての際には，発令済みの保全命令の決定正本を添付する必要がありますが，執行官によっては，債権者がその返還を求めても返還しないという扱いをしているところもあるようです。その場合には，保全命令の決定正本に代えて，同正本の返還を求めたが返還されなかった旨の上申書の提出で，これを認めている裁判所もあるようです。

第24 弁論終結前後の被告の死亡と勝訴判決による担保取消の可否

問題24

　XがAに対する貸金請求訴訟を提起するに当たり，令和2年3月20日，同貸金債権を被保全権利として，担保を立ててA所有の不動産について仮差押えをした。

　その後，Xは，同年4月20日に上記訴訟を東京地裁に提起し，同年6月20日，第1回弁論が開かれて終結し，同年6月27日，全部勝訴判決の言い渡しを受けた。

　Xは同年12月20日，上記判決が確定し担保の事由が消滅したとして，民訴法79条1項による担保取消を申し立てた。

　以上を前提に，以下の場合，Xの担保取消の申立は認められるか。

1　Aが，妻Bを唯一の相続人として，同年4月22日に死亡し，その事実が同月25日に判明したため，訴訟手続を中断した上で，同年5月10日にBが受継した場合（Bは相続について単純承認，2も同じ。）

2　Aが，妻Bを唯一の相続人として，同年6月22日に死亡し，同月30日にA死亡の事実が判明した後にBが受継した場合

3　Aが，相続人のないまま，同年6月22日に死亡し，同年12月10日，相続財産管理人Cが選任されていたことが判明した。

　なお，前記判決正本は，1及び2については，いずれも受継後に妻Bに対して，3については生前Aと同居していた内縁の妻Dに対して，それぞれ送達されたが，いずれも控訴期間内の控訴はなかった。

回　答

1及び2については，担保取消は認められます。

3については，担保取消は認められません。

解　説

1　回答1

回答1では，Aは，口頭弁論終結前に死亡し，その事実が口頭弁論終結前に判明したことから，訴訟手続は中断し，相続人であるBが受継し（民訴法124条1項1号），X全部勝訴の判決が出ています。

その上で，A承継人Bに判決正本が送達され，全部勝訴の判決が確定していますので，Xの担保取消の申立は認められます。

2　回答2

回答2では，Aは，口頭弁論終結後に死亡し，その事実が判決言渡し後に判明しています。判決言渡し時には，既にAは死亡していましたが，判決の言渡しは弁論終結後であれば訴訟手続の中断中であってもすることができますので（民訴法132条1項），判決の言渡し自体は問題ありません。

また，Bは，Aの唯一の相続人であり，単純承認をして相続人として確定していますので，Aの包括承継人として判決正本の受送達者たりえます。したがって，受継後のBへの送達は有効であり，控訴期間内に控訴もなかったため判決は確定しています。

以上から，Xの担保取消の申立は認められます。

なお，Bは，弁論終結後にAの当事者としての地位を引き継いでいるという意味では，当然承継による受継者（民訴法124条1項1号）ではなく，確定判決の効力が及ぶ者である当事者の口頭弁論終結後の承継人（民訴法115条1項3号）に当たる者ということになります。

3 回答3

　既に２で述べたように，Ａは口頭弁論終結後に死亡していますが，判決の言渡し自体は問題なくできます。

　ただし，問題３では，判決正本の送達についてＡの内妻Ｄが受領しており，送達報告書上は補充送達ができているように見えますが，実際は，送達前にＡが死亡しているので（Ａが令和２年６月22日に死亡し，判決言渡しが同月27日なので文理上明らか），この送達自体有効な送達とは言えません。地裁の一審判決は，判決正本の送達を受けた日から，控訴提起がなく２週間が経過しないと確定しませんから（民訴法285条，116条１項），有効な送達がない以上，判決はいつまで経っても確定せず，担保の事由が消滅したとは言えないわけです。

　では，どのように対応すべきでしょうか。

　弁論終結後に相続人がないままＡが死亡すると，亡Ａの相続財産が法人となり（民法951条），この相続財産法人こそが，亡Ａに代わる当事者たる被告になります。ただ，このままでは，判決正本の受送達者にはなりません。幸い，問題３の事例では既に相続財産管理人としてＣが選任されていました。

　Ｘとしては，裁判所に対し，Ａの死亡を示す除籍謄本やＤへの補充送達が有効な送達でなかったことなどについて時系列で説明した調査報告書等を添えてＤへの送達が無効であることを明らかにした上で，Ｃの受継後に，Ｃに対する判決正本の送達上申を行い，Ｃへの送達完了後の控訴期間経過を待つか，もしくは，担保取消の同意権者がＣであることを明らかにした上記報告書やこれに沿う証拠資料をそろえた上で，Ｃの同意を取るか，同意擬制を生じさせて，改め

— 86 —

て担保取消の申立をすることになります。

第2編　証　拠　保　全

第2編　証　拠　保　全

　本編では，本書のもう一つのメインテーマである証拠保全，特に，訴え提起前の証拠保全の問題を中心に扱います。

　証拠保全とは，本来の本案における証拠調べ期日での証拠調べを待っていたのでは，その証拠調べ自体が不可能になるか，又は困難になる事情があるときに，特定の証拠方法について，訴訟提起前あるいは訴訟提起後の証拠調べ期日前にあらかじめ証拠調べをしておき，その結果を保全し，将来の本案の訴訟等でその結果を利用できるようにしておく手続です。

　根拠条文は，基本的には，民事訴訟法234条から242条までのわずか9か条しかないため，実務の運用の多くは過去に集積された先例となる裁判例や個々の条文の解釈によっているところが大きいといえます。

　また，証拠保全には，その本来的な機能として，将来の訴訟等に備え，証拠を保全する機能（証拠保全機能）があるほか，証拠保全手続において相手方が所持している証拠を取り調べることになることから，事実上，相手方が所持する証拠が事前に開示される機能（証拠開示機能）があります。

　早期解決や審理充実に資する効果が期待できるとして，証拠開示機能を強調し，証拠保全の要件を緩和して，積極的に証拠開示を図ろうとする考え方もありますが，証拠開示機能を重視しすぎて証拠保全の要件を緩和した運用をすると，濫用的な証拠漁りを助長したり，裁判所の公平性・中立性を損なうおそれがあります。

　したがって，証拠開示機能の重要性を認めつつも，慎重な運用が必

要となります。

　本編においては，証拠保全の基本事項を整理確認するとともに，証拠保全における前記特性を前提に，従前から実務の運用として議論されてきたことを踏まえ，実際にあった事例をモデルとして，申立書の起案にあたって留意すべきこと，証拠調べのあり方や実際の現場での対応の在り方などについて解説していきたいと思います。

第1 証拠保全の管轄裁判所

問題1

　証拠保全の裁判所の管轄は，どのような定めになっているのか。

■ 解　説

1　訴え提起前の証拠保全の裁判所の管轄

　訴え提起前の証拠保全の管轄は，尋問を受けるべき者（証人，当事者本人，鑑定人）若しくは文書を所持する者の居所又は検証物の所在地を管轄する地方裁判所又は簡易裁判所にあります（民訴法235条2項）。

　地方裁判所か簡易裁判所かのいずれを選択するかは，申立人の選択に任せられていると解されます。つまり，本案訴訟の事物管轄に関係なく簡易裁判所にも申し立てることができますが，これは裁判所法33条1項1号による簡易裁判所の事物管轄の定めの例外ということになります（裁判所法34条）。

2　訴え提起後の証拠保全の裁判所の管轄

　訴え提起後の証拠保全の裁判所の管轄については，「その証拠を使用すべき審級の裁判所にしなければならない。ただし，最初の口頭弁論の期日が指定され，又は事件が弁論準備手続若しくは書面による準備手続に付された後口頭弁論の終結に至るまでの間は，受訴裁判所にしなければならない。」と定められています（民訴法235条1項）。

3　訴え提起後で急迫の事情がある場合の証拠保全の管轄裁判所

　急迫の事情がある場合には，訴えの提起後であっても，前項（民訴法235条2項（訴え提起前の証拠保全の管轄の定め））の地方裁判

所又は簡易裁判所に証拠保全の申立てをすることができると定めています（民訴法235条3項)。そもそも証拠保全の手続自体が要急性を要件としていますので，ここにいう「急迫の事情がある場合」は，通常必要とされる証拠保全の要急性をさらに一段と高めたものである必要があり，そうした事情は申立人が証明しなければならないと考えられています。

　急迫の事情としては，例えば，証人が死に瀕している場合などが考えられます。また，裁判例としては，滅失ないし廃棄の時期が到来し，又は間もなく到来する文書が，大量かつ各地に分散している場合に，一受訴裁判所の証拠保全手続をもってしては地理的労力的に多大の時間を要するとして，急迫の事情を認めたものがあります（東京高決昭53.10.6)。

4　人事訴訟事件を本案訴訟とする証拠保全の管轄裁判所

　平成16年4月1日から，人事訴訟事件やこれに関する保全事件等の管轄が地方裁判所から家庭裁判所に移管され，これに伴い，人事訴訟法29条2項で，民訴法235条2項，3項について地方裁判所を家庭裁判所に読み替える旨定められましたので，人事訴訟事件を本案とする訴え提起前の証拠保全（訴え提起後の急迫の事情がある場合の証拠保全を含む。）の管轄も，地方裁判所又は簡易裁判所ではなく，家庭裁判所又は簡易裁判所となりました。

第2　同一当事者の異なる事件の証拠保全

問題2

　甲弁護士は，ＩＴベンチャー企業である株式会社Ｙ（以下「Ｙ」という。）においてシステム・エンジニア（ＳＥ）として正規雇用されていたＸから，Ｙに対し，①未払いの時間外手当の支払いを求める事件（以下「Ａ事件」という。）及び②Ｙの上司Ｓからいわゆるパワーハラスメントを受けてうつ病に罹患したとしてＹに対する安全配慮義務違反による損害賠償を求める事件（以下「Ｂ事件」という。）に関し，相談を受けた上，訴訟代理人として受任した。

　甲弁護士としては，Ａ事件について労働時間に関する記録等を検証物として，Ｂ事件についてＳ及びＸ使用のＰＣ内のファイル，メール等の電磁的記録を検証物として，それぞれ，訴え提起前の証拠保全の申立てをすることを検討している。

　Ａ事件及びＢ事件の当事者が，いずれも申立人Ｘ，相手方Ｙであること，それ以前のＸＹ間の交渉経緯等からして，個別に時期を変えて証拠調べ期日を設定すると先行する証拠調べの実施により後の証拠調べの密行性が害されるおそれがあることなどから，甲弁護士としては，ＡＢ両事件について，同一期日で一挙に証拠保全を図りたいと考えた。

　この場合，証拠保全の申立ては一通の申立書で行うべきか，それとも二通の申立書で行うべきか。

■　回　答

申立書の通数は，本案における訴え提起の方針や，複数の請求間の関

連性，証拠の量，証拠の共通性などを検討した上で判断することになりますが，本設問のような場合には，証拠保全の申立てとしては二通の申立書で行った方がよいものと思われます。

ただし，申立書を二通にする場合には，それぞれの申立書に，証拠調べ期日を同一期日とされたい旨の付記書き又はその旨の上申書を添付しておくなどしておいた方がよいでしょう。

■ 解 説

A事件及びB事件の当事者が，いずれも申立人Xと相手方Yですし，本設問の問題文の中にも出てきますが，仮に別々の期日に証拠調べをするとなると，先行する証拠調べの実施により，後の証拠調べの密行性が害されるおそれがあることなどから，一挙に証拠調べをするために事件をまとめて一通で申立てをすべきではないかとも考えられるところです。

ところで，訴え提起前の証拠保全の場合，証拠保全手続終了後に，本案訴訟が提起されると，証拠保全を行った裁判所（以下「証拠保全裁判所」という。）の書記官が，本案の訴訟記録の存する裁判所（以下「本案裁判所」という。）の書記官に対し，証拠調べに関する記録を送付しなければならないとされています（民訴規則154条）。この証拠保全に関する記録の送付は，証拠保全裁判所の書記官が職権で行いますが，同書記官は，その証拠保全に関する本案訴訟が提起されたか否かについて，例えば事件管理をするなどして積極的に調べているわけではありません。訴え提起前に証拠保全のための証拠調べが行われたときは，訴状にその証拠調べを行った裁判所及び証拠保全事件の表示の記載が義務付けられており（民訴規則54条），その記載を契機として，本案裁判所の書記官がその事件について証拠保全が行われたこ

とを知ることになり，証拠保全裁判所の書記官に連絡をして，証拠保全事件の記録の送付を求め，それに基づいて記録が送付されることになります。

　証拠保全記録はこうして本案裁判所に職権で送付され，本案訴訟においては，その証拠調べの結果を口頭弁論に上程することで当該訴訟において証拠調べがされたのと同一の効力を生じることになります。

　ここで一つ考慮すべきなのが，本設問のように全く中身の違うA事件とB事件について証拠保全記録としては1件で良いのかということです。

　当事者が同一であることから，本案の訴状についても1本で起案するということも全く考えられないではありません。

　その場合，訴状に，AB両事件を併せて証拠調べをした1件の証拠保全記録について，その証拠調べを行った裁判所及び証拠保全事件の表示を記載すれば済みますし，本案裁判所にその1件の証拠保全記録が送付されれば済むわけです。

　しかし，本設問においては，A事件とB事件は，中身が全く異なり，証拠もほとんど共通していないものと思われます。ですから，いずれの事件についても，それぞれ異なる争点が予想され，審理も別々にすべきであることが最初から分かっているような事件は，訴状も別々にして訴えを提起すべきです。

　そうすると，本設問の場合は，それ以前の訴え提起前の証拠保全についても，証拠保全事件の記録やその結果である検証調書が1通となりうるような申立ては避けた方がよいものと思われます。

　仮に，申立書1通で証拠保全記録も1件で，検証調書を2通に分けるとしても，証拠保全記録が1冊になってしまう以上，証拠保全の結

果としての検証調書はその記録と一体となって動くでしょうから，検証調書を2通にしたところであまり意味はないということになります。

証拠保全裁判所としても，事案の異なる別の事件で，同一期日内に，1人の裁判官と1人の書記官が証拠調べ手続を行うとなると，場合によってはその作業量も倍以上になることあり，証拠調べ手続自体がスムーズに進まないといったことにもなりかねません。

ですから，ここは，事件が別である以上，証拠保全の申立ても2通で行い，代理人弁護士と，できればカメラマンもそれぞれの事件ごとに担当者を割り付けるというのがよいと思います。

申立てを2通で行うことで，証拠保全裁判所としてもそれぞれ別の事件として裁判官に事件配填することになりますし，証拠調べ期日もそれぞれ別の事件として，有効にマンパワーを使うことができます。

また，本案の訴訟においても，仮に訴状を1本にしたところで弁論が分離される可能性も高く，そうなれば，別々の事件として審理が進んでいくでしょうから，証拠保全の結果としての証拠保全記録とその結果である検証調書も事件ごとにそれぞれ別々にあった方が使いやすいわけです。

以上のとおり，本設問のような事例では，証拠調べ期日におけるスムーズな証拠調べと本案訴訟における証拠保全の結果の使いやすさなどから考えて，証拠保全の申立ては2通で行うのがよいものと思われます。

なお，申立てを2通で行うと，前述したとおり証拠保全裁判所としては1件ずつ順次，別々の裁判官に事件を配填しますので，証拠調べ期日がそれぞれ別々になることがあります。実際には申立人と申立代理人が同一で同時に申立てられるのでしょうから，証拠保全裁判所と

してもその扱いについて配慮すべきことがあるのではないかとは思い
ますが，そこは，最初から，申立人代理人が，申立ては個別に行うが
証拠調べ期日は同一期日にしてもらいたい旨を申立書に付記書きする
か，もしくは，その旨の上申書を1本起案して申立書に添付しておく
と分かり易いものとなるものと思います。

第3 証明すべき事実

問題3

　Xは，Y運送会社の従業員であるが，同社車庫内において，同僚から殴られて転倒し，その際，全治1か月を要する右橈骨遠位端骨折の傷害を負ったという事案につき，XのY社に対する使用者責任追及の準備として訴え提起前の証拠保全の申立てをするため，証明すべき事実を「令和3年2月ころ，Y社従業員のXは，同社車庫内において，同僚に殴打され，全治1か月の右橈骨遠位端骨折の傷害を負わされた事実」として申立書を起案した。

　この証明すべき事実についての問題点として，どのようなことが考えられるか。

解　説

1　証明すべき事実とは

　証拠保全の申立書の記載要件となっている証明すべき事実（民訴規則153条2項2号）とは，民訴法180条1項にいう証明すべき事実と同様であり，保全する証拠によっていかなる事実を立証するのかといういわゆる立証事項を意味します。

　本設問のような訴え提起前の証拠保全は，証拠の散逸や改ざんのおそれを理由として，本案提起前に，緊急性のある状態で実施するものですから，証明すべき事実の特定といっても限界があるものと思われます。そうしたことから，申立人に無理を強いることはできないとして，ある程度概略的な記載になるのはやむを得ないと考えられています。

　そうは言っても，証明すべき事実についてあまりにもあいまいな

記載しかできていないと，裁判所としては，保全しようしている証拠でいかなる事実を立証しようとしているのか理解できない，あるいは到底本案を提起できるような事実ではなく，証拠保全とは名ばかりの別の目的で相手方を揺さぶり有利な展開を図ろうとしているのではないかとの疑いを抱かざるを得ないことにもなりかねません。仮に，裁判官との面接を経て補正を促しても証明すべき事実が十分具体的に記載されないとなると，その申立ては却下となってしまいます。

　なお，証拠保全の申立ては，証拠の申出の一種ですので，却下の前提としての補正命令（民訴法137条）は法律上は必要ありませんが，実務的には，訴状に倣い，補正を促す事務連絡をした上で，場合によっては補正命令をかけることもあるようです。

2　証明すべき事実の具体的な記載の程度

　それでは，どの程度具体的に記載すれば良いかということになりますが，これは，結局のところ，個々具体的な事案の内容によらざるを得ません。ただ，事案の類型によってその程度が異なってくるということは言えると思います。

　訴え提起前の証拠保全でよくあるのが医療過誤等の事案です。この類型では，患者の死亡等の生命身体への権利侵害の事実は，割と具体的に記載しやすいのですが，医師の注意義務やその作為又は不作為による注意義務違反，注意義務違反と権利侵害との間の因果関係等は，ある程度概略的な記載にならざるを得ません。例えば，Aの一般定期健康診断において撮影された胸部X線写真の読影を担当した医師Bが，明らかに肺癌を疑う異常陰影があったにもかかわらず，読影でこれを看過したことによりAが適時の治療の機会を失

して死亡した事案であれば,「Aの健康診断での胸部X線写真の肺癌を疑う所見を医師が看過したことにより,適時の治療の機会を失したAが死亡した事実」などとすることで足りるものと思われます。

これに対し,本設問のような傷害事件はどうでしょうか。本設問において起案された証明すべき事実をもう一度見てみましょう。

「令和3年2月ころ,Y社従業員のXは,同社車庫内において,同僚から暴行を受け,全治1か月を要する右橈骨遠位端骨折の傷害を負わされた事実」とありますが,これで十分でしょうか。

こうした事案では,被害者であるXから事件の詳細についてある程度聴取ができているはずですが,実際にあったこの申立てで疎明資料として添付されていたのは,傷害の程度を示す診断書だけでした。

また,証明すべき事実は,暴行の加害者の氏名や暴行の態様,さらにY社に使用者責任を追及することであるにもかかわらず,この暴行が「事業の執行につき(以下「事業執行性」という。)」なされたものかも分からないような前記の程度の記載のみでした。

そこで,申立人代理人に電話をして本件事案の概要を聴いたところ,「Xの同僚であるA運転のトレーラーが後退して指定駐車枠に駐車するに当たり,Xが後方において誘導作業をしていたところ,その誘導方法に危険を感じたAが,Xに激怒し,トレーラーを駐車して降車するや,いきなりXに近づき,Xの顔面を1回殴打し,その衝撃でXが路面に転倒し,その際,右手を路面についたことから,全治1か月を要する右橈骨遠位端骨折の傷害を負った。」ということが分かったのです。本件事故の翌日,同僚のAは,無断欠勤を続けた上,出奔し所在不明となったこともあり,XはY運送会社に使

用者責任をとらせたいということでした。

3　証明すべき事実と検証物の特定

　また，検証物について，「①トレーラーのドライブレコーダーの画像，②防犯カメラの画像」との記載がありました。本件暴行の動画等があれば，上書き等による消失又は編集等による改ざんを防ぐために必要であることは理解できますが，この記載では，Ｙ社にある全てのドライブレコーダーと防犯カメラの映像が期間に関係なく全て必要ということになります。ですから，検証物を特定するために補正が必要になりますが，そうなってくると，証明すべき事実の日時・場所の特定の必要性も出てくることになります。

　訴え提起前の証拠保全の段階から，事実をそこまで具体的に特定するのは，申立てにおいて困難を強いることになるのではないかとの疑問の声もあがりそうですが，これは2の冒頭でも出てきたように，事件の類型による違いです。医療過誤のように，そもそも高度な医療技術を問題にしており，患者が死亡しているような場合は，本案準備の段階において，証明すべき事実の具体的な特定には限界があります。しかし，本設問のような傷害事件では，医療過誤ほどに技術的に高度な理解を要する事実関係はほとんどありませんし，現に被害を受けた者の認識を詳細に聴取することで，比較的容易に証明すべき事実の全容が明らかになるはずです。

　本設問の場合，前述したように，暴行を受けた日時・場所について絞りこめば，検証物の特定にもつながります。例えば，暴行を受けた日時・場所について「令和3年2月ころ，Ｙ社車庫内」という記載のままですと，検証物であるドライブレコーダーや防犯カメラの映像は「令和3年2月」の1か月間となりますし，Ｙ社車庫内の

どの車両のドライブレコーダーか，車庫のどの辺りに設置された防犯カメラかがわかりません。また，車庫が一つであればまだ良いですが，複数ある場合には，最低限，どこの車庫か分からないと，検証物の特定としては不十分です。

　ですから，申立人本人から聴取した結果として，例えば日時・場所について「令和3年2月10日午後2時から3時頃の間，Y社第1車庫入口付近において」と特定できるのであれば，その頃その場所において暴行の映像が撮影されたであろうドライブレコーダーや防犯カメラも自ずと特定されていきます。少なくとも第2車庫，第3車庫もあるならば，例えば「第1車庫に設置された防犯カメラ」と記載することが必要になるというレベルの話です。

4　補正後の本設問の証明すべき事実
　申立人本人の陳述書を作成して，暴行のおよその日時場所を特定して証明すべき事実を記載するとともに，申立人代理人が電話で話した内容をまとめて具体的に記載することで，本設問の証明すべき事実が完成します。以下に，本設問の証明すべき事実の記載例を示してみます。

　「XはY社の従業員であるが，令和3年2月10日午後2時から3時頃，Y社第1車庫内において，同僚A運転のトレーラーに対するXの誘導作業が適切でなかったなどとして，AがXの顔面を1回殴打し，その暴行によりXが全治1か月を要する右橈骨遠位端骨折の傷害を負った事実」

　このように記載することにより，本設問の基本となる不法行為の事実，つまり，日時・場所，加害者がY社と雇用関係にあったAであること，暴行態様が殴打であること，暴行が故意によるものであ

ること，この暴行によりXが傷害を負ったこと，トレーラーの誘導作業に端を発していることから事業執行性が認められることが分かるようになりますし，検証物の特定のためにもなることが理解していただけると思います。

　ただ，重ねて言いますが，証明すべき事実は，あくまで「できる限り」記載するということであり，常にここまで要求されるということではありません。前記記載例は，事件類型として比較的容易で，申立人の記憶も非常によく保たれ，整合する疎明資料もある程度存在する事案の場合と言えますので，具体的な特定としてはこの程度が上限という理解でよいかと考えます。

第4　改ざんのおそれについての具体的な疎明

問題4

　甲は，10年前に死別した妻乙との間に3人の息子，長男A，次男B，三男Cをもうけたが，令和2年12月に心筋梗塞により80歳で急逝した。甲は，生前，乙と死別した後，Xと同棲するようになり，Aらとの折り合いが悪くなっていたこと，AらがXと敵対関係にあったことなどから，これらを快く思っていなかった。

　こうした事情から，甲は，Xに全財産を包括遺贈する旨の遺言を残して死亡した。

　そこで，Aらは，遺留分侵害請求（旧遺留分減殺請求）訴訟を提起するに当たり，遺留分算定の基礎となる財産である甲が保有していた株式について，Xが経営するY会社が隠匿している疑いがあるとして，同株式の存在に関する証拠を保全するため，Y会社を相手方として，Y会社の顧問税理士が保管している法人税確定申告書及びその付属書類の控えの検証を求めて，管轄簡易裁判所に対し訴え提起前の証拠保全の申立てをした。

　なお，Aらは，上記事情からXと敵対している上，AらがXに対する遺留分侵害請求の動きを察知している可能性があるため，上記検証物について，改ざんのおそれがあるとしている。

　この申立てには，如何なる問題があるか。

■ 回　答

　検証物の性質からして，改ざんのおそれは考え難いものと思われます。

解　説

1　改ざんのおそれについて要求される疎明の程度

(1)　検証の方法による証拠保全では，検証物が文書であることも非常に多く，これが相手方から提示されれば，申立人は，事実上，相手方手持ち証拠の中身を見ることができます。そうすると，本来の証拠保全機能を超えて，証拠開示目的で証拠保全が利用される事態が生じます。

　　この点に関し，重要な証拠が専ら相手方の手にあるいわゆる証拠の構造的偏在が課題となっていることを強調する立場からは，開示目的の証拠保全に寛容となりますし，それは立法論だと見る立場からは否定的となります。具体的には，民訴規則153条2項4号の「証拠保全の事由」の疎明（同条3項）の程度として問題が顕在化します。

　　例えば，文書が改ざんされるおそれというのは「証拠保全の事由」となり得ますが，それは，抽象的に改ざんのおそれを主張すれば足りるのか，それとも具体的に改ざんの危険を主張し疎明しなければならないのかという形で表れます。

(2)　これに関し，一定の指針を示した裁判例として「人は，自己に不利な記載を含む重要証拠を自ら有する場合に，これを任意にそのまま提出することを欲しないのが通常であるからといった抽象的な改ざんのおそれでは足りず，当該医師に改ざんの前歴があるとか，当該医師が，患者側から診療上の問題点について説明を求められたにもかかわらず相当な理由なくこれを拒絶したとか，あるいは前後矛盾ないし虚偽の説明をしたとか，その他ことさらに不誠実又は責任回避的な態度に終始したことなど，具体的な改ざ

んのおそれを一応推認させるに足る事実を疎明することを要する」旨判示しているものが，改ざんのおそれを検討する上で参考になります（広島地決昭61. 11. 21）。この裁判例の事案は，医療過誤に関するものですが，あらゆる事案について，ある程度当てはまるものであると思われます。

　　ただし，特に，証拠が構造的に偏在している類型の事案では，相手方が所持している証拠を検討しなければ，訴え提起の是非さえも検討できないということも少なくありません。そうしたことから，証拠保全が証拠開示機能としても非常に重要な役割を担っていることも厳然たる事実としてありますので，基本的には，具体的な改ざんのおそれについて一定程度の疎明が必要であると考え，その疎明の程度については，あまり硬直にならず事案に応じた柔軟な対応をする必要があると考えられています。

2　本設問をどのように考えるか

(1)　改ざんのおそれの程度

　　申立人Aらは，本件申立てにおいて，その検証物の改ざんのおそれについて，XがAらと敵対している上，AらのXに対する遺留分侵害請求の動きを察知している可能性があるため，検証物について改ざんのおそれがある旨主張していますが，これらのおそれは，いずれも一般的・抽象的な改ざんのおそれを主張する域を出ないものです。

(2)　検証物の性質からみた改ざんのおそれ

　　本設問で検証物とされているものは，Y会社の法人税確定申告書及びその付属書類の控えですが，それらの原本は税務署等の税務当局によって保管されているものであり，仮に，それらの控え

を改ざんしても，原本を確かめれば改ざんが発覚してしまいます。

　一般的に，預金通帳等についても，その取引履歴が銀行に保存されており，銀行までもが組織的にかかわっているような特別の事情でも疎明されない限り，改ざんのおそれを肯定することは困難といわれていますが，本設問もこれと同様と考えられます。

　また，本件検証物の保管者は税理士ですが，税理士は，「税理士の信用又は品位を害するような行為をしてはならない」（税理士法37条）とされ，同法に違反した場合には，財務大臣から懲戒処分を受けることがある（同法46条）とされていますので，税理士が，税務・会計関係書類の改ざん等を行うことも考え難いところです。

(3)　改ざんのおそれについての結論

　本設問では，申立人Ａらが主張する改ざんのおそれは，一般的・抽象的なものに留まるものであるところ，それ以前の問題として，そもそも検証物が，税務当局のような公的機関においてその原本が存在する法人税確定申告書等の控えであり，控えの改ざん自体意味がなく，保管者が税理士であることからその改ざん自体も考え難いということになります。

3　その他の問題

　遺留分侵害請求は，家事審判事項でも，人事訴訟事項でもないので，訴額に応じて地方裁判所又は簡易裁判所の管轄になりますし，そもそも訴え提起前の証拠保全については，本案訴訟の事物管轄は関係ありませんので，訴額の制限なく簡易裁判所にも申し立てることができます。

　なお，人事訴訟事件を本案とする訴え提起前の証拠保全の管轄

については, 本編の問題 1 （本書93ページ）を参照してください。

第5　相手方の別席説明の申し出への対応

> 問題5
>
> 　証拠保全の証拠調べ期日において，検証現場である相手方会社
> の職員の案内で，一旦，裁判官，書記官，申立人代理人ら及び相
> 手方関係者の全員が相手方会社の会議室に集まったものの，各々
> 挨拶を済ませるや，相手方職員の1人が裁判官に対し「裁判所の
> 方々には，最初に，こちらからご説明を差し上げたいことがあり
> ますので，別室にご案内いたします。」と申し向け，別席説明を
> 求めてきた。
>
> 　裁判所及び申立人代理人は，いかに対応すべきか。

■ 回　答

1　裁判所の対応

　申立人代理人及び相手方に対し，未だ証拠調べ手続が開始してい
ないことを確認し，その段階を前提に，申立人代理人の意見を聴い
た上で，相手方の申し出の趣旨を確認等する限度で別席説明を受け
るという対応をとることが考えられます。

2　申立人代理人の対応

　裁判所から意見を聴かれたところで，申立人代理人としては，で
きる限り柔軟に対応する姿勢を示した上で，原則論としては，本件
の証拠保全手続が証拠調べ手続であり，当事者には立会権があるの
で（民訴法240条），別席調停のような手法は認められないことを一
言断りつつ，正式な証拠調べの開始前にその準備として証拠調べの
方法等について裁判所と打ち合わせたいということであれば，その
限度で裁判所の判断に任せるなどの意見を述べることが考えられま

す。

1　裁判所の対応について

　裁判所としては，相手方からの別席説明の申し出があっても，これに応じる必要はないわけですが，実務的には，相手方の申し出たい内容を確認し，その後の証拠調べをスムーズに実施するためにも，一旦，相手方の別席説明を受けるため別室へ移動する対応をとる判断をすることもあろうかと思います。

　別席説明自体，法令上の根拠がありませんので，その際，申立人代理人の意見を聴くことに関しても何らの根拠もありませんが，証拠調べ期日における当事者の立会権に配慮するという意味で，意見を聴いてから別室に移動する方が，慎重で丁寧な対応だと思います。

　また，この場合，正式な証拠調べ手続が未だ開始していない旨を当事者に伝え，その段階について三者において共通理解をもっていられるようにしておくことが望ましいでしょう。

　なお，相手方による別席説明が長時間に及ぶようですと，申立人側において不信感や反感を招くことにもなりかねませんし，また，相手方の説明が検証物に対する提出の可否に関する意見等にわたるなどした場合は，むしろ申立人側も同席の上で行わないと相互に共通認識の上で手続を進めることができませんので，そうした場合は，裁判所においてその旨相手方を説得して，全員同席の上で手続を進めるようにします。

　なお，以上の一連の流れは，正式な証拠調べの開始前の事実上の準備的な行為ですので，原則として，この内容を検証調書に記載するようなことはありません。

2　申立人代理人の対応について

　証拠調べ手続の冒頭から，相手方との関係において喧嘩腰になっ
ても手続は進みません。

　所期の目的を達成させるためにも，相手方の別席説明の希望等に
ついては，ある程度，柔軟に対応していただくのが最善の策のよう
に思われますので，基本的には裁判所の判断に任せるとの意見を
言っていただくのが無難ではないかと考えます。

　ただ，申立人としては，漫然と認めるというのではなく，そこは，
相手方に対し，証拠調べ期日における当事者立会権について改めて
認識してもらうためにも，前記回答2のように原則論として一言
断って，しっかりと釘を刺して，相手方を牽制しておくことも一つ
の姿勢の表し方として考えられるところでしょう。

第6 証拠調べ期日における当事者対応

> 問題6
>
> 　相手方である整骨院A（院長B個人による小規模経営）で勤務していた申立人である整体師Xが，不払いの残業代を請求するに当たり，残業時間を証する証拠として受付従業員らの受付時間のデータ等の証拠保全を求めた証拠調べ期日において，Bが証拠保全の決定書の執行官送達を受け，執行官からその説明を受けるや，やや興奮した様子で「営業妨害だ」などと言い抵抗する姿勢を示した。如何に対応すべきか。

回　答

1　裁判所の対応

　　相手方に対し，証拠保全の趣旨について，相手方を糾弾したり相手方の過失の有無を調べたりしにきたのではなく，あくまでも将来のために証拠の現在の状態を保全する手続であり，これが相手方の利益にもなりうることを丁寧に説明して，相手方の理解を得られるように努めます。

2　申立人代理人の対応

　　基本的には，裁判所の相手方への説明を静観するべきです。

　　仮に，裁判所の説明において相手方に誤解を与えかねない箇所があったと疑われる場合などに限り，必要最低限の事実上の釈明を求めるに留めるべきであり（ただし，申立人が裁判所に釈明を求める法律上の権利はありません。），裁判所の説明に対し，「裁判所のおっしゃるとおり」などと，こうした説明を支持したり，同調したりするような言動は，相手方に対し裁判所と申立人が協同しているかよ

うな誤解を招きかねず，かえって反発を増長するおそれもあります
ので，厳に慎むべきです。

■ 解　説

1　証拠保全と執行官送達

　　そもそも，証拠保全の趣旨とするところは，本来の訴訟手続にお
ける証拠調べを待っていたのでは，証拠調べが不可能になるか又は
著しく困難になるおそれがある場合に，あらかじめ証拠調べをして，
将来，その証拠調べの結果を利用できるようにする点にありますか
ら，相手方の証拠の改ざん等の時間的余裕を与えないためにも，証
拠保全決定正本の送達と証拠調べの実施との間はできるだけ間隔を
置かないようにしなければなりません。他方で，相手方に，証拠調
べ期日の立会権を保障しつつ，証拠調べすべき物等の準備をしても
らう必要もあります。

　　そうしたことから，証拠調べ実施の1時間から1時間半くらい前
に，相手方に対し，執行官による証拠保全決定正本等の送達をする
というのが，証拠保全手続における通常の実務的な流れになります。

　　このように，手続上やむを得ない部分があるとはいえ，相手方に
とっては，まさに寝耳に水である上，仮に協力しようにもあまりに
もショートノーティスであることから，驚愕，反発，抵抗といった
姿勢に出ることはむしろ当然とも言えます。

2　証拠調べ期日における相手方への対応

　(1)　裁判所の対応

　　　執行官は，相手方に対する証拠保全決定正本等の送達を完了す
ると，その送達の奏功・不奏功の結果について，証拠保全裁判所
に電話連絡をしてきますが，その際，参考事項として，送達が不

奏功であれば，相手方が不在であった，相手方が受領を拒否した
などの具体的な理由等について，奏功していれば，送達時の相手
方の態度などについても報告してきますので，事前にこれらの情
報を聴取した上で，証拠調べの現場に臨みます。

　本設問では，ただでさえ，証拠保全の対応に慣れている大規模
病院などと異なり，生涯で初めて証拠保全に直面したような個人
の小規模経営の整骨院であることが窺えますし，これに加えて，
執行官からの報告によると，相手方は，やや興奮気味に「営業妨
害だ」などと言い抵抗する姿勢を示しているとのことですから，
ここは現場に臨場するに当たって慎重な対応が必要になることが
分かります。

　まずは，相手方の警戒心を解くことがとても重要になってきま
す。また，相手方に対する説得以前の問題として，現場に，相手
方の顧客などの第三者がいる場合には，特に，裁判所職員である
ことや申立人らであることについて知られないようにするため，
なるべく目立たないように行動することも非常に大切です。その
ため，特に相手方が小規模の個人事業などである場合，同行人数
も最小限に絞るなどの配慮が必要になってきます。

　その上で，冒頭の回答にもあるように，相手方に対し，証拠保
全の趣旨について，相手方を糾弾したり相手方の過失の有無を調
べたりしにきたのではなく，あくまでも，将来のために証拠の現
在の状態を保全する手続であり，これが，場合によっては無用な
訴訟を避けることにつながること，後から改ざんされたなどと言
われなくても済むことなど，相手方の利益にもなりうることを丁
寧に説明して，その理解を求めます。

　また，検証物提示命令について，その発令を保留している場合
で，相手方が前述した説得になかなか応じないような場合，その
まま証拠調べを拒否し続けると検証物提示命令を発することにな
り，検証物提示命令が発せられてもなお，相手方が，検証物の提
示を拒否し続けると，申立人が相手方を被告として訴訟提起した
本案訴訟において，受訴裁判所は，原告である申立人が主張する
検証物の性状が真実であると認めることができ，また，原告が検
証物の性状に関して具体的な主張をすること及び当該検証物によ
り証明すべき事実を他の証拠により証明することが著しく困難で
あるときは，その事実に関する申立人の主張を真実と認めること
ができる真実擬制（民訴法232条1項，224条1項，3項）の不利
益を被ることになりうることなどを説明して理解を求めます。

　なお，検証物の保管者が第三者であって，検証物提示命令に従
わない場合は，20万円以下の過料に処せられることがあるので（民
訴法225条1項），その場合には，こうしたことも説得材料になり
ます。

(2)　申立人の対応

　申立人は，裁判所が上記2(1)の対応をしている間，基本的には
静観しているのが一番です。証拠調べ期日では，ある程度の時間
差はあっても，どうしても，裁判所と申立人が証拠調べの現場に
揃う形になってしまいます。そうすると，特に，弁護士代理人の
ついていない相手方からみて，裁判所と申立人は協同している，
協力関係にあるなどとあらぬ誤解を抱かれやすい状態にありま
す。ですから，裁判所が上記2(1)の証拠保全の趣旨説明等をして
いる間は，基本的には静観する姿勢が間違いありません。ただ，

冒頭の回答でも述べましたが，時と場合によっては，裁判所の説明が相手方の誤解を招くおそれがある場合もあるので，その場合には，事実上の釈明を求めることは必要があれば，むしろするべきだと思います（申立人に，裁判所に対する法律上の釈明権がないことも，冒頭の回答で述べたとおり）。

しかし，それもそこまでに留め，裁判所の趣旨説明を支持したり，これに同調するような言動は，相手方の裁判所と申立人らとの関係について不信感を抱かせ，反発を招くだけですから，厳に慎むべきだと思います。

なお，実際にあった事例として，相手方が「強制か，任意か」と尋ねてきたところ，申立人代理人が，裁判所に何ら断りなく「強制である」旨発言したことがありました。これは絶対にやってはいけません。

その場は，裁判所の方で，直ちに是正し，相手方が混乱又は誤解をすることのないように対処しました。相手方の態度によっては，申立人代理人としての焦りも理解できますが，ここは逸る気持ちを抑えて冷静に対応するべきです。

3　申立人本人への対応（関連事項）

本設問とは別の問題ですが，証拠保全において，申立人本人の強い意向により，代理人とともに同行したいとする申出がある場合があります。申立人本人も証拠調べ期日には立会権がありますので，どうしても立会いたいということであれば認めざるを得ません。しかし，例えば医療過誤で身内が死亡した事件などの証拠調べとなると，場合によっては，証拠調べをしているうちに，申立人本人の感情が不安定になったり，対応した相手方の態度に憤りを感じて興奮

したりするなどし，そのことによって現場が混乱し，証拠調べに支障が生じるといったことが起こる場合もあります。

　実際にあった事例としては，免疫不全の患者に禁忌のステロイド剤を投与して死亡させた医療過誤事案で，患者の母親が申立人本人として，ある総合病院の証拠保全に立ち会ったのですが，証拠調べの現場で，病院側の電子カルテの説明を受けている最中に，大声で「この病院は嘘ばかりついている。全部デタラメだ。」などと興奮して騒ぎ出したという事態にみまわれたことがありました。このときは，裁判所において，直ちに厳しく制止し，以降，同様に興奮して騒ぐようであれば，証拠調べの現場に留めおくことはできない旨警告したところおとなしくなりましたが，申立人代理人においても，それ以前の事件相談や日頃の進捗状況の報告の際の申立人本人の様子や性格等にも留意し，証拠調べ期日において申立人本人の立会いに支障がないかを事前に十分に検討していただく必要はあろうかと思います。仮に，立会に支障なしと判断して，申立人本人の意向を酌んで立ち会わせたとしても，上記のような状態になった場合は，裁判所による制止を待つまでもなく，申立人代理人においてしっかりとコントロールするなり，証拠調べの現場から退場していただくなどの措置を速やかにとってもらう必要があります。

第7 検証の実施方法と検証調書への記載

問題7

　検証の方法による証拠保全の証拠調べ期日においては，実際にどのように検証物の検証が行われており，それらの検証経過が，どのように検証調書に記載されるのか。

■ 解　説

1　検証の証拠調べの手順

(1)　検証とその具体的な証拠調べ

　　検証とは，裁判官が五官の作用により自ら検証物である事物の性状等を検査して証拠資料を取得する証拠調べのことです。

　　まずは，相手方立会いの下で，その指示説明を求めながら，裁判官自身が，相手方から提出された書類等を直接手に取って，書類等の状態（フォルダーに挟んであるのか，ドッチファイルや紙ファイル等に編綴してあるのか，紐で綴じてあるのか，ステイプラーでとめてあるのかなど）及びそれぞれの書類等の名称の確認をするとともに，どの書類が決定書のどの検証物に該当するのかを相手方の指示説明により確認します。

　　そして，それぞれの書類に目を通し，書類作成後にあとから加除修正したような形跡の有無，修正液を塗布して修正している箇所の確認，余白の鉛筆による走り書き，紙片の貼付等について確認します。

　　なお，電磁的記録については，ＰＣ等の画面上での検証とプリントアウトした紙面上での検証の二つの方法があります。それぞれの方法に一長一短がありますが，後者の方が検証対象として確

定的で安定していること，検証漏れのおそれが少ないこと，検証としての実際の証拠調べと検証結果としての検証調書の内容が一致することなどから，紙面上での検証の方が優れているという考え方もあるようです（本編の問題17，本書161ページ参照）。

(2)　裁判官の認識についての書記官への口授

裁判官は，それらの書類等の確認をすると，相手方の指示説明を要約した内容と，これにより裁判官自身が認識した結果を書記官に口授して，後に検証調書を作成する裁判所書記官に記録させます。こうして，裁判官は，検証結果について，書記官に対し共通の理解を得させるようにしています。

なお，検証物の中に，検証物とは無関係の第三者の情報が含まれている場合は，裁判官から書記官に対し，該当部分に付箋を貼付するなどの措置を指示した上，その措置の内容について後に検証調書に記載させます。

これら一連の作業を終えると，検証物をコピーするなり，申立人の同行したカメラマンによる写真撮影作業等に移ります。

(3)　申立人代理人よる検証物の確認

裁判官による一連の検証の証拠調べの際，申立人代理人も検証物を確認することができます。この際，裁判官が指摘しなかった部分で，申立人代理人において認識した修正箇所などがあり，これを検証調書に記載して欲しい場合は，その旨を積極的に裁判官に申し出た方がよいでしょう。裁判官において申立人代理人の申し出が相当であると認められれば，検証調書に記載され，後日の立証活動に資する結果になることもあり得ます。

(4)　検証物の全部又は一部が存在しない場合

相手方から全ての検証物が存在しない旨申し出があったら，その申し出と具体的理由を検証調書に記載します。また，検証物の一部について存在しない場合も，その存在しない検証物を特定した上で，存在しないこととその具体的な理由を検証調書に記載します。

(5) 検証の一部を記録化しない場合

検証物については，相手方において存在し提出された全ての検証物を検証して，その結果を検証調書に残すのが原則ですが，検証物が大部にわたり，申立人の判断において記録化の必要がないものがあれば，その検証物については証拠保全決定を取り消すということも考えられます。

ただし，その検証の時点における検証物の状態を保全するという意味では，相手方にも証拠保全の記録として残すことに利益がありますので，何ら相手方の意見を聞かずに取り消すのはよくありません。ここは，相手方の意見も聞いた上で，その意見は検証調書に残しておくことになります。

(6) 証拠調べ期日の終了

こうして，全ての検証物について証拠調べを終えると，証拠調べとしては終了することになりますが，検証物を返還して，当事者に確認の上，裁判官において証拠調べの終了を宣言することになります。

その際,提示命令申立てに対する判断が留保されている場合で,既に発令の必要がなくなっているときは，申立人に取下げをしてもらうことになります。

2　検証調書の記載例

　検証調書は，冒頭に，事件の表示，期日・場所，裁判官，書記官，出頭した当事者等を記載し，手続の要領等を記載します。

　手続の要領等は，通常，「第1　検証開始に至る経過」，「第2　検証の目的物」，「第3　検証によって明らかにする事項」，「第4　当事者の指示説明等」，「第5　検証の結果等」などに分けて記載されます。

　以下に，検証調書の典型的な雛型書式を示します。

裁判官認印　印

検　証　調　書

事 件 の 表 示　　令和3年（サ）第000000号

期　　　　　　日　　令和3年3月25日　午後1時00分

場　　　　　　所　　東京都千代田区霞が関○丁目○番○号

　　　　　　　　　　株式会社○○○○事務室

裁　　判　　官　　○○○○裁判所　○　○　○　○

裁 判 所 書 記 官　　○○○○裁判所　○　○　○　○

出頭した当事者等　　申立人代理人○○○○

　　　　　　　　　　同　　　　　　○○○○

　　　　　　　　　　相手方代表者○○○○

　　　　　　　　　　同立会人　　○○○○（人事部長）

手　続　の　要　領

複写紙○○○枚及び電磁的記録媒体（ＵＳＢメモリ）1本添付

第1　検証開始に至る経過

　　指定期日の午後1時00分に，東京都千代田区霞が関○丁目

○番○号株式会社○○○○事務室に赴き，同事務室において，申立人代理人○○○○らのほか，相手方代表者○○○○及び同人事部長○○○○が立会い，本件検証の目的物を提示した。

第2　検証の目的物

相手方保管に係る別紙検証物目録記載の物件

第3　検証によって明らかにすべき事項

前記物件の存在及び記載内容

第4　当事者の指示説明等

（以下の本項目の番号及び標目は，検証物目録に対応している。）

相手方

1　提示する検証物

⑴　検証目録○，○については，申立外○○○○のパソコン本体のハードディスク内に存在するので提出する。

⑵　検証目録○，○，○については，・・・・。

2　存在しないため提示できない検証物

検証目録○のうち，○○の資料は存在しない。

第5　検証の結果

上記提示に係る文書等の内容は，以下に記載するほか，添付の複写紙のとおりである。

1　○○○○（パソコンのディスプレイに表示されたものを写真撮影したもの）1丁〜10丁

2　上記1の更新履歴（同上）11丁〜15丁

第6　提示命令の申立てについて

申立人代理人

本件提示命令の申立てを取り下げる。

裁判所書記官　○　○　○　○　㊞

第8　証拠保全記録の閲覧制限の可否

問題8

　過度な長時間かつ過密な労働を強いられたことにより精神疾患を発病して自殺した労働者Vに対する安全配慮義務違反事案について，申立人であるVの妻Wから，Vを雇用していた相手方であるA会社に対する訴え提起前の証拠保全の申立てがなされた。

　申立書記載の検証物の中に文書提出義務の有無について疑義のある物が含まれていたため，提示命令の発令を留保して証拠保全決定がなされた。

　その証拠調べ期日において，A会社代理人から，保全決定にある検証物について，「一部の検証物が営業の秘密に係るものであり文書提出義務がないが，本件に関し検証物として提示を拒否するつもりはない，ただし，検証の結果を本件関係者以外の外部の者に知られたくないので，本件の証拠保全記録（以下「証拠保全記録」という。）について，民訴法92条に基づく閲覧制限を求めたい」旨申し立てられた。

　申立人W代理人は閲覧制限について特に異議はないようであったが，A会社代理人による本件の証拠保全記録の閲覧制限の申立ては認められるか。

回　答

　証拠保全記録について，閲覧制限の申立権があるか否かは考え方の分かれているところです。

　ただし，証拠保全記録について第三者が閲覧を申立ててくるということは通常考え難いところであり，仮に閲覧制限の申立権が認められ

るとしても，その必要性は極めて低いものと思います。

■ 解 説

1 閲覧制限の申立権の存否

　証拠保全記録については，閲覧謄写等について明文の定めはありません。

　そこで，まずは証拠保全記録について，民訴法92条の閲覧制限の申立てが適用されるのかを検討する前提として，そもそも証拠保全記録は民訴法91条の適用があるのかが問題となりますが，これに関しては，以下のような考え方があります。

(1) 民訴法91条の適用を認める考え方

　訴え提起前における証拠収集の処分等（以下「証拠収集処分」という。民訴法132条の4）の手続では，申立人及び相手方は裁判所書記官に対し，本処分の申立てに係る事件の記録（以下「証拠収集記録」という。）の閲覧謄写等の請求をすることができる旨が定められています（民訴法132条の7）。これに対し，証拠保全記録についてはこのような規定がありませんが，それは逆にいえば民訴法91条の適用が排除されていないと考えられること，実務的には，証拠保全記録は申立人ら当事者に閲覧謄写を認めているのであり，その根拠を求めるとすれば民訴法91条になるのではないかということ（証拠保全を送付嘱託等の証拠調べの準備行為と同視すれば足りると考えれば無理に同条を根拠にしなくてもよいかもしれませんが）などから，証拠保全記録には同条の適用が認められるとするのが一つの考え方です。

(2) 民訴法91条の適用を認めない考え方

　民訴法91条にいう訴訟記録は，事件に関して裁判所及び当事者

の共通の資料として利用される受訴裁判所に保管される書面の総体としての法令上の記録であるところ，訴訟記録は，本来当事者によって利用されることが当然予定されているものですから，これを当事者が閲覧謄写等できることは勿論のこと，口頭弁論の公開主義の趣旨からして，審理の傍聴のみならず，一般人が訴訟記録を閲覧するなどして，事件の内容を知りうる機会を与えるために民訴法91条の定めがあるといえます。

　こうした同条の趣旨からすると，証拠保全記録は，その性質からして，同条の適用を受けるものではないということになります。

　また，前述したように証拠収集記録は，申立人及び相手方に閲覧謄写等の請求権が認められていますが（民訴法132条の7），その閲覧謄写等の主体を申立人及び相手方に制限しています。これに関しては，証拠収集処分の手続が一般公開を予定したものではなく，あくまで申立人及び相手方だけの手続であるので，その記録も一般公開の必要はなく，またそれが望ましくもないためであり，本案提起後に，証拠として提出された限度で，訴訟記録として構成された時点で民訴法91条の適用を受けるとすれば足りると考えられることから，閲覧謄写等に関しては一般的な訴訟記録と規律を異にしており，証拠収集記録については民訴法91条の適用はないと考えられています。そうすると，証拠保全の手続も，証拠収集処分の手続と変わらない側面があることからして，民訴法91条の適用はないものと考えることができます。

　また，民訴規則154条では，「本案の訴訟記録」と「証拠調べに関する記録」とを使い分けているので，証拠保全記録については民訴法91条の「訴訟記録」に含まれないと解する余地もあります。

なお，証拠保全記録に，民訴法91条の適用がないことを前提に，その実質は，非訟事件に属するものであるから，非訟事件手続法32条が類推適用され，当事者及び利害関係を疎明した第三者に限り，閲覧謄写等が認められると解する考え方もあるようです。

2　実際の対応

　以上のように，証拠保全記録についての閲覧制限の申立権の存否に関しては，その前提となる民訴法91条の適用に関して様々に考えられるところであり，何ら法的に明確な結論は出ていません。

　さて，それではどう対応すべきかですが，本設問では，相手方代理人は，証拠調べには協力するものの，検証物中に相手方の営業の秘密に関するものが含まれているため，検証結果としての検証調書が第三者に閲覧謄写されると会社の利益を害してしまうことを懸念して，民訴法92条による閲覧制限の申立てをしています。

　実際のところ，証拠保全記録は，当事者以外の第三者が閲覧請求をするということは，ほぼ皆無に近いというのが実務的な実感です。

　仮に，第三者が閲覧等を請求してきたとしても，証拠保全記録について民訴法91条の適用を肯定する考え方にたった上で，同92条の閲覧制限をしていない場合，裁判所書記官の処分によるところになろうかと思います。この点，書記官の処分というところに懸念が抱かれる節もあろうかと思いますが，証拠保全記録について第三者が閲覧等を求めてくるということ自体，書記官にとっても通常は考え難い事態であり，相当に警戒します。記録の閲覧等は書記官の処分であるところ，この書記官の処分に対する異議は，書記官の所属する裁判所が決定で行うものですから（民訴法121条），実情としては，困難な処分をしなければならない場合，ほぼ必ずといっていいほど

裁判官に相談してきます。ここにおいてさらに慎重な抑制が働きますし，実際にそのようなことがあれば，当事者に確認するなどあらゆる手立てが尽くされることになろうかと思います。

　ですから，仮に民訴法91条の適用を前提にしたとしても，閲覧制限をする必要性は極めて低いと思います。

　また，そもそも民訴法91条の適用がないということであれば，証拠保全記録について第三者の閲覧等の申立権はないわけですから，何も心配ないといえます。

　ただ，どうしても相手方の懸念が払拭できないということであれば，提示命令をかけて文書提出義務の有無を争って紛糾するよりは，証拠保全記録について閲覧制限の申立てを認めてしまった方がよいと考えることはできないでしょうか。

　申立人代理人からみても，閲覧制限の申立権の法的根拠があろうとなかろうと何の実害もないはずです。むしろ，閲覧制限の申立てが認められることによって，相手方の証拠開示に関する心理的障害がなくなり，気持ちよく証拠を開示してくれるのであれば，申立人代理人にとってはメリットともいえるかも知れません。

　そうすると，裁判所，申立人，相手方の三者が丸く収まるという観点から，証拠保全記録について閲覧制限の申立てを認めるという考え方もあるのではないかとも思います。

　ただ，これに関しては，法的根拠について結論が出ていない以上，結局は，個々の裁判官の判断によらざるを得ないということになります。

第9 証拠調べ期日内における効率的実施方法

> 問題9
>
> 医療過誤の事案にかかる訴え提起前の証拠保全の証拠調べ期日において，電子カルテ等の検証物についてのプリント作業中に，相手方医院長から，操作方法が分からない部分があり，その場にいなかった受付従業員らを呼んで操作方法を聞かないといけないとの申出があった。受付従業員らがただちに現場に来られる状況ではなく，期日内での証拠調べの終了が見込めなくなってきた場合，どのように対応すべきか。

■ 解　説

1　証拠調べが終了しない証拠について後日任意開示とする方法

　本設問のように，証拠調べ期日内において証拠調べの終了見込みが立たなくなった場合は，その時点で開示困難な部分については，本日の証拠調べ期日外において相手方から申立人に対して任意に開示することが可能かどうか確認するなどし，相手方が任意開示に応じるとのことであれば，申立人了解の上で，その趣旨を検証調書に記載して証拠調べを終了することも考えられます。

　本設問のような場合以外でも，長期入通院のカルテなどで大量にあるもの，又は，証拠調べの現場以外の遠方の倉庫に保管してある場合などは，証拠調べ期日での証拠調べ終了が見込めないこともあります。このような場合，続行期日にすることも考えられなくはありません（本編の問題12，本書140ページ参照）。

　相手方に代理人が付いており，証拠保全の対応にも比較的慣れた大病院などであり，証拠調べ期日の対応等から信用できると考えら

れるのであれば，申立人にとっても，相手方による任意開示に応じるのは身軽に対応できるなどのメリットもあるのであり，選択肢の一つになろうかと思います。

　この選択をする場合，申立人代理人としては，任意開示の時期がいつごろになるのか，任意開示の方法はどうするのか，証拠のボリュームがどの程度になるかの見込み，予定していた時期に任意開示が間に合わない場合，相手方はどのように対応してくれるのかなどについて，相手方に確認した上で，裁判所に，以上の事項を検証調書に記載されたい旨申し出るといったことが考えられます。相手方に対し，裁判官の面前で任意開示の具体的な内容を約束させた上で，その約束した内容を検証調書にまで載せることになったことをしっかりと認識させ，結果として，心理的抑制を働かせて任意開示に対する履行の確実性を高めるわけです。

　また，相手方が，任意開示に応じる姿勢を示しているものの，裁判所の手続から離れると態度を難化させるおそれがないとはいえないとの判断であれば，次回期日を追って指定として証拠調べを続行した上で，任意開示の約束をとるという期日続行と任意開示の抱合せ技もあります。この方法の詳細は，本編の問題13(本書144ページ)を参照して下さい。

　いずれの方法によるにしても，任意開示である以上，後日に相手方から開示のあった証拠は裁判所の検証によっていないので，裁判所に提出されても検証調書には添付できません。

　なお，相手方から任意開示のあった書面等を，任意開示の経緯を明らかにして，検証調書とともに記録に編綴したという事例はあるようです。

2　検証自体は終了させて，記録化の作業のみを相手方に委ねる方法

　　また，別の方法として，検証物全部の検証自体を終了させ，記録化のために写しをとる作業を適宜相手方に委ねるということも考えられます。

　　本設問のような場合，証拠調べ期日において証拠調べ自体ができないので，この方法によることはできませんが，検証物が大量であり，検証自体はできるものの，記録化に時間がかかるようなケースでは有効な方法となります。

　　こうした方法による場合は，後日の紛争を避けるため，検証済みのものについて相手方が写しをとって送付する方法をとったことに関し当事者双方が同意した旨を検証調書に記載しておくべきでしょう。

　　この場合であれば，対象物が検証済みであるので，後日，裁判所に送付されてきた写しを検証調書に添付することができます。

　　なお，このほかに，検証自体は終了させて，留置命令（民訴法232条1項，227条）を発して，調書作成のため検証物を裁判所に持ち帰る方法が考えられますが，実務上，留置命令によることは，そう多くはありません（本編の問題10，本書134ページ参照）。

3　上記1，2のいずれの方法であっても，証拠調べ期日は続行せずに，その日のうちに終了する場合であって，提示命令の申立てに対する判断が留保されているときは，上記1の方法であれば相手方が任意開示に応じていることから，上記2の方法であれば検証自体終了していることから，いずれも提示命令の申立てについては，既に維持する必要性がなくなります。

　　したがって，裁判所から申立人代理人に対し，取下げを促すか，

却下となります。

　裁判所としては，取下げの場合は，申立人による取下げの旨を，却下の場合は，裁判所が却下した旨を，裁判所書記官の作成する検証調書に記載させて，その手続内容を明らかにしておくべきことになります（民訴法160条，民訴規則67条１項１号，７号）。

問題10

　検証の方法による証拠保全の手続においては，検証の目的の提示又は送付について留め置く措置をとること（以下「留置命令」という。）ができるとされているが，この留置命令とはどのようなものか。

解　説

1　留置命令とは

　留置命令とは，検証期日において，検証物の検証自体は終えたものの相手方において検証の結果を記録できる設備がなく，申立人においてもその準備が十分でなかった場合に，裁判所が検証結果を記録化するために，また，検証物が大量で検証自体が終了しない場合に，期日を続行して検証を継続するために，裁判所が，検証物を留め置き，持ち帰る措置をとるための決定です（民訴法232条, 227条）。

　この留置命令は，そもそもは，本案訴訟において提出された文書についての本案裁判所の措置です（民訴法227条）。本案における文書の証拠調べは，口頭弁論期日等において提出されるなどした文書を裁判所が閲読することによって行われますが，裁判所も相手方も証拠調べの結果をそのまま記憶し続けることはできませんし，裁判官の交代等もありますので，それらの文書の証拠調べの結果を記録上，誰が見ても分かるように，当事者にそれらの証拠として文書の原本を提示させた上，提出可能な原本はそのまま原本を，それ以外の文書はその写しを提出させて，これを一件記録に編綴することになっています（民訴法219条，民訴規則137条）

　しかしながら，文書が大量である場合など，原本と写しが同一で
あるかどうか十分に調査確認する必要がありますし，さらに文書の
書体や印影の同一性その他について仔細に原本を確認検討する必要
がある場合などもあるので，当事者等が提出するなどした文書を裁
判所に留め置くことができるとしたものです。

　これを文書の留置だけでなく，検証における検証物の留置にまで
認めるために，民訴法232条で，同法227条を準用しているわけです。

2　留置命令の実際

　冒頭でも述べたとおり，この留置命令は，検証物が大量で，証拠
の記録化が困難な場合や証拠調べ期日を続行して行う場合などに，
発令されることがあるわけですが，実際には，①相手方に記録化す
る設備が十分にないとか記録化を拒否されたとしても，申立人にお
いてカメラマン等を同行させるなどしていること，②検証物が大量
にあり検証自体が証拠調べ期日に終わらない場合は，通常は，申立
人と相手方の了承の上で，任意開示とするか，期日を続行するのみ
で足りること，他方で，③留置命令の手続は，仮に証拠調べ期日に
おいて留置命令が発令された場合，その発令があった旨及び発令対
象となった多数の検証物を調書上で特定しなければならないこと，
④相手方からそれら検証物を受領した場合，それらの留置対象物に
ついて，裁判所書記官がその内訳を記載するなどして留置物受領書
を作成して相手方に交付する必要があること，⑤留置後の留置物の
取扱いについても，原則として，裁判所の事件に関する保管金等の
取扱いに関する規程に基づく民事保管物としての受入れや仮出しの
手続など，保管や取扱いが煩瑣であること（運用上は担当部での保
管が可能）などから，証拠保全の実務において，特別な事情がない

限り，留置命令が発令されるということは必ずしも多くはないようです。

　なお，留置命令は，提示を受けた検証物について発することができるのであり，提示義務について検証物が大量にあるなどの理由から，即時判断が困難な場合には，留置命令ではなく，インカメラ審理における一時保管の手続（民訴規則151条，141条）によることになります。

第11　証拠調べ期日が終了した場合の提示命令申立ての処理

問題11

　訴え提起前の検証による方法の証拠保全の申立てにおいて，提示命令についても併せて申立てがなされており，証拠保全決定時において，提示命令の発令が留保された。証拠調べ期日においては，提示命令を発令することなく，証拠調べ期日を終了する場合，提示命令の申立ては，どのように処理されるか。

■　回　答

　申立人に，提示命令の申立てを取下げてもらうか，申立ての却下決定をすることになります。

　実務上の扱いとして，後日，申立人から取下書を提出してもらうこともあります。

■　解　説

1　提示命令の申立ての取り下げ又は却下

　証拠調べ期日において，証拠調べが全て終了して期日を終える場合はもはや提示命令の申立ては維持する必要がなくなるでしょうから，裁判所から申立人に，提示命令の申立ての取下げを促して取下げてもらうか，それとも裁判所の判断において申立ての却下決定をすることになります。

　そして，裁判所としては，その手続経過を明らかにするために，証拠調べの現場において，取下げの場合は申立人が口頭で取り下げをした旨を，却下の場合は裁判所が口頭で却下決定をした旨を，それぞれ裁判所書記官の作成する検証調書に記載させます（民訴法160条，民訴規則67条1項1号，7号）。

なお，証拠調べ手続が終了して，後日，申立人に連絡をした上で，提示命令の申立てについて書面で取下書を提出してもらう扱いもあるようです。その根拠としては，民訴法122条により，証拠保全決定は，決定たる裁判であり，その性質に反しない限り判決に関する規定である同法261条3項を準用するとしているようです。しかし，厳密にいうと，それは誤った扱いになります。なぜならば，証拠調べ手続は既に終了しているのですから，取下げをすべき手続自体もその対象となる申立ても既に存在していないからです。ただ，申立ての帰すうを一応記録上明らかにしておくという実務上の要請から行われているものだと思われます。

2　提示命令の発令の判断が証拠調べ期日になり易い理由

　検証による方法の証拠保全の場合，文書提出義務（民訴法220条）が認められない場合でも検証物として取調べる場合には提示義務が認められることになりますが，本案訴訟で文書提出義務が認められない場合には提出義務を潜脱するおそれがあります。

　ですから，検証の方法による証拠保全の申立てにおいて，文書提出義務のないものと疑われる検証物が検証物目録に掲げられている場合は，提示命令の申立てが併せてなされていても，申立ての時点では発令を留保します。検証物にそのおそれがなければ，証拠保全決定時において提示命令の発令もする場合もあります。

　もっとも，実務においては，検証物が文書提出義務に抵触するか否かという観点からだけではなく，提示命令を発令しなくとも，第一次的には，証拠調べ期日において相手方の任意の提示を期待していること，提示命令には強制力がない反面，提示命令が相手方の反感を買い証拠調べがスムーズに実施できなくなる場合もありうるこ

となどから，証拠保全決定の段階では，発令を留保し，証拠調べ期日において，その現場で，相手方の態度を見た上で判断するという配慮が働くこともあります。

　以上のようなことから，提示命令申立てに対する判断は，往々にして証拠調べの現場においてなされることも少なくなく，その場合には，証拠調べが終了し，その期日を終えるにあたり，提示命令の発令の必要がなくなったとして，申立人に取り下げを促して取下げてもらったり，その場で却下するなどの判断をします。

　その際，申立人からの取下げもなく，却下の判断もしない場合で，前述したように，申立人に連絡して，証拠調べ終了の後日，取下書を提出してもらうこともあるわけですが，証拠調べ終了に伴い黙示の却下決定があったとされることもあります。

　なお，黙示の却下決定は，これまで，実務上，認められてきましたが，申立人からみて裁判所の判断が不明確であり，即時抗告の機会を奪うことになりかねないなどの批判もあるので，最近では，必ずしも適当と考えられていません。

第12 証拠調べ期日の続行と続行期日前の相手方の態度急変

問題12

　訴え提起前の証拠保全の申立て（提示命令の申立てを含む。）
が認容されて証拠保全決定がなされ（提示命令は留保のまま，証
拠調べ期日に判断することとされていた。），証拠調べ期日におい
て，相手方に赴いたところ，相手方から，本件への対応について
検討したい旨申し述べた。

1　この場合，証拠調べの期日を続行することはできるか。

2　続行期日前の期日間において，相手方が裁判所に対して，証
　拠調べに協力しない旨の意思を明確にした場合（その態度から
　相手方が翻意することは不可能と思われる程度），どうすべき
　か。

回　答

1　証拠調べ期日は，続行することができます。

2　証拠調べについて不定期間の障害があるとして（民訴法181条2
　項），既になされた証拠保全決定を取り消した上で提示命令を含む
　本件の申立てを却下し，証拠調べ手続を終了させることになります。

解　説

1　証拠調べ期日の続行の適否

　　証拠保全とは，訴訟手続での証拠調べを待っていたのでは，証拠
　調べが不可能か困難となる事情があるときに，特定の証拠方法につ
　いて，訴訟提起前あるいは訴訟提起後証拠調べ期日前に，あらかじ
　め証拠調べをしておき，その結果を保全し，将来の訴訟等でその結
　果を利用できるようにしておく手続であり，その証拠調べは本案の

訴訟手続における証拠調べと同様の方法で実施されますので，証拠調べ期日の延期や続行はできます。

　しかしながら，そもそも訴え提起前の証拠保全は，特に検証の方法による場合，相手方による証拠の改ざん・廃棄等のおそれがあることなどがある場合に認められる手続ですから，本来的には申立人が証拠保全の手続を行っていることを相手方に知られない状態で進める密行性を要するものであり，証拠調べ期日当日において一挙に証拠調べをすることで，相手方に証拠の改ざん・廃棄等の機会を与えることなく，証拠調べとして奏功するわけです。一旦証拠調べ期日に入った以上，相手方は，証拠保全手続の存在を知るわけですから，初回の証拠調べ期日から，続行の証拠調べ期日までの間の相手方による証拠の改ざん等のおそれは格段に増すことになります。

　ですから，訴え提起前の証拠保全手続の上記性質からして，証拠調べ期日の続行というのは，通常は手続的に馴染みません。そうすると，相手方が頑なに証拠調べを拒否しているというような場合は，もはや検証不能として手続を終了せざるを得ないということになります。

　もっとも，相手方としても，証拠保全に応じることで，後日の紛争に備えることができたり，事案の早期解決につながることがあるなど，事実上，相手方に利益になることもあるものと思われます。

　そのようなことも併せ考慮すると，性質的に馴染まないとはいえ，相手方の態度如何によっては証拠調べ期日を続行することが妥当な場合もあるということになります。

　本設問のような場合ですと，相手方は，明らかに本件証拠調べを拒否しているわけではなく，少なくとも初回の期日においては対応

を検討したいと言っているに過ぎませんから（後述するように，本設問では，期日間において，相手方の態度が豹変し，証拠調べについて協力しない旨の意思を明確にしましたが），そのような対応であれば，証拠調べ期日を続行したとしても柔軟な対応がなされることも期待できるわけで，一度，期日を延期又は続行することも考えられるところです。

本設問のような場合のほかに，実務的には，検証物が大量にあり，証拠調べが1期日だけでは終わらないような場合で，当事者が期日の続行を求めてくるような場合に認められることがあります。

2　続行期日以前の期日間において相手方が証拠保全に協力しない態度を明らかにした場合の措置

本設問では，証拠調べ期日を続行した後，その続行期日前において，相手方が証拠調べに協力しない旨の意思を明確にしており，その態度から相手方が翻意することは不可能な程度に至っていますので，仮に，続行期日に検証現場に行っても検証不能の結果に終わることは明らかです。

そうすると，本件証拠調べの実施には，不定期間の障害がある（民訴法181条2項）と言わざるを得ません。ここにいう不定期間の障害とは，証人又は本人が病気のため臨床尋問もできないような状況にあり回復の目途もたたない場合，証人が転居してしまって所在が不明になっている場合，文書を紛失し再度発見できるか否か不明の場合などを指しますが，本設問におけるように相手方に証拠調べ拒否の意思が明確でありおよそ翻意することはないような場合もこれに当たるものと思われます。

よって続行期日の証拠調べを待つまでもなく，既になされた証拠

保全決定を取り消した上で，提示命令を含む本件の申立てを却下し，証拠調べ手続を終了させることになります（大阪地決平16.7.29）。

　なお，初回の証拠調べ期日において，一部検証が済んでいる場合で，期日を続行してその続行期日前に，前述と同様に相手方の態度が豹変して続行期日における証拠調べに協力しない旨を明らかにしたときも，同じようにその後の証拠調べはできないという判断にはなりますが，その場合は，既に一部検証が済んでいるため証拠保全決定は取り消さず，裁判官において続行期日を取消した上で，証拠調べを終了する旨宣言して，当事者双方に適宜の方法でこれを告知することになります。

　この証拠調べ終了の判断は裁判官が職権で行うものですが，裁判所から申立人代理人に，続行期日取消及び証拠調べ終了の上申書の提出（提示命令の発令が留保されている場合は，その取下書も含めて）を求める扱いをしている裁判所もあるようです。

　いずれの場合も，裁判官としては，最終的な証拠調べ終了の判断をする前に，裁判所書記官に指示するなどして，申立人代理人に相手方の続行期日の証拠調べに対する意向などを連絡することになります。そのときは，申立人代理人の判断において，必要に応じて，相手方に対する意向の再確認や説得をするかどうかなどを検討されることになろうかと思います。

問題13

　私立X高等学校において，教職員間のいじめにより，うつ病に罹患し自殺したV（当時28歳）の父親Aが，Xから事故報告書の提出を受けた。これによれば，Xにおいて事故調査委員会を設立し，本件事故に関係した教職員15名からヒアリングを行うなどした旨記載されていた。

　そこで，Aは，Xに対し，教職員15名に対して行ったヒアリング文書の提出を求めたが，Xがこれを拒否したため，Aは，申立人代理人甲を立てて，上記ヒアリング文書を検証物とする訴え提起前の証拠保全を申し立てた。

　証拠調べ期日において，Xは，検証物について「ヒアリングは，それ自体を直接外部に公開せず，もっぱら事故原因を内部的に調査する目的に限ることを，それぞれの対象者に説明した上で実施したものであるので，これを覆して提出に応じることになると，今後，自由で率直な回答を求めるヒアリング調査に支障を来すことになりかねない。上記理由などから，当方としては，そもそも文書提出義務の存否についても問題があると考えている。ただ，そうした懸念がある一方で，裁判所の証拠調べには協力したいという思いもある。ついては，上記懸念を解消するため，ヒアリング対象者に説明して氏名をマスキングすることなどにつき，Xにおいて協議した上で対応したいので，本日の証拠調べ手続を終了していただき，後日，任意開示とされたい。」旨意見を述べた。

　申立人代理人甲としては，どのような対応が考えられるか。

回　答

　Xの任意開示の対応を認めつつも，裁判所に対しては，証拠調べの期日を追って指定として期日の続行を上申するということが考えられます。

解　説

　証拠保全の証拠調べ手続は一旦終了してしまうと，手続の再開はできません（本編の問題15，本書153ページ参照）。証拠調べ期日において，検証物の存在が明らかとなり，相手方においても証拠調べに協力する姿勢が明らかであり，一部検証に着手したものの，検証物が大量にあるため，同日の証拠調べを終了し，残余の検証物は任意開示とするような場合は，相手方による後日の任意開示の履行はほぼ間違いないと期待できますので，証拠調べ手続を終了した上で任意開示とすることで問題はないと思います（本編の問題9，本書130ページ参照）。

　しかし，本設問の場合は，少し事情が違います。Xは，証拠保全決定の主文に掲げた検証物について，具体的な理由を挙げて提出に消極な姿勢を示している上，法的にも文書提出義務の存否にまで言及しています。

　他方で，頑なに拒否するということではなく，Xにおいて対応を協議した上で，任意開示に応じたい旨申し出ています。こうしたXの検証物に対する意見を総合的に判断すると，最終的にXが任意開示に応じるかどうかは，冒頭に紹介した一部検証が済み，単に検証物が大量にあるなどの理由から後日任意開示とする場合と比較し，やや不透明なところがありそうです。

　そこで，一つの方法として，任意開示と期日続行の合わせ技を使うことが考えられます（期日の続行自体についての適否は本編の問題12

（本書140ページ）参照）。通常は，任意開示イコール，証拠調べ終了となりそうですが，そのように悉無律的（オールオアナッシング的）に考える必要はありません。

　せっかくＸが，任意開示に応じようとしてくれているわけですから，そこは生かしつつ，しかし，その態度に不透明なところがあるので，任意提出の履行確保のために，証拠調べ期日について，追って指定で続行の上申をします。そして，Ｘが任意開示をしたところで，期日の続行を求めない旨の上申を行い，それで証拠調べを終了してもらえばよいわけです。仮に，Ｘがやはり任意開示に応じられないとなれば，続行期日の期日指定の申立てを行い，続行期日において，裁判所に提示命令の発令を促すなどするということになろうかと思います。

　この場合，申立人代理人甲としては，任意開示の時期がいつごろになるのか，任意開示の方法はどうするのか，証拠のボリュームがどの程度になるかの見込み，予定していた時期に任意開示が間に合わない場合，相手方はどのように対応してくれるのかなどについて，相手方に確認した上で，裁判所に，以上の事項を検証調書に記載されたい旨申し出るなどした方がよいでしょう。

　いずれにしても，このような対応をとることにより，Ｘに対し，Ｘの意向を一定程度尊重しつつも態度が変わった場合の牽制を示すこともできるという点では一定の効果が期待できるものと思われます。

　ただし，期日追って指定での続行というのは，事件が宙に浮いてしまうおそれもあり，事件管理という意味では，裁判所にとって，必ずしも望ましい方法ではありません。

　ですから，この方法による場合，初回の証拠調べからできるだけ近い時期に，任意開示の時期や目安を定めてもらうほか，相手方からの

任意開示の履行があり次第，申立人代理人において，速やかに期日の
続行を求めない旨の上申書を提出するなどして，裁判所の事件管理に
配慮する必要があります。

第14　続行期日間において検証物であるデータが削除された場合の措置

問題14

　Y商事会社勤務のAが超過勤務を原因として過労死した事案について，Aの父親Xを申立人，Yを相手方とする訴え提起前の証拠保全による証拠調べが，令和３年３月１日にYの会社事務所において実施されたが，検証物が大量であったため，検証物であるメール送受信内容及び社内サーバのデータの一部（以下「未検証データ」という。）については，ファイル情報の一覧だけをディスプレイ上に表示させて検証して記録化するに留めることとし，そのデータの中身については，証拠調べ期日を続行して，同年４月10日に再度，未検証データを検証することとなった。

　ところが，相手方代理人は，前記続行期日前の同年３月30日に至り，「未検証データは，初回の証拠調べ期日の直後に，証拠調べが終了したものとの認識で削除した」旨連絡してきた。

　この場合，いかなる措置をとることが考えられるか。

回　答

以下の３つの考え方があります。

1　未検証データの証拠調べについて，同データが既に削除されたためこれ以上は証拠調べができないとして，続行期日を取消し，証拠保全手続の終了を宣言する。

2　既定の続行期日を維持するかどうかは別として，未検証データの削除事実の有無，更新履歴又は削除履歴（証拠保全決定の検証物として掲げられている場合に限る。以下「更新履歴等」という。）が

検証の対象となるので，証拠調べ期日の続行を維持する。

3　回答2に加え，未検証データの復元が可能である場合，復元後の
データも検証の対象として，続行期日を維持する。

■ 解　説

1　回答1

　　未検証データが削除されたとなると，削除の方法にもよりますが，
通常はそのままではディスプレイ上で見読できません。ですから，
この段階で，検証の続行不能（初回期日で一部検証は終了している
ので，「検証不能」ではありません。）として続行期日を取消して，
証拠調べ手続の終了を宣言するということが考えられます。

　　しかし，未検証データを削除したというのは，その時点での相手
方の言い分に過ぎません。また，本設問中からだけでは，相手方が
続行期日における証拠調べを拒否しているかどうか明らかではあり
ません。

　　相手方が明らかに拒否する態度を示しているのであれば，検証の
続行不能として回答1の措置をとることもやむを得ませんが，そう
でなければ，仮に実際に未検証データが削除されたとしても，後述
するように，保全決定の主文の範囲内で，これに代わる検証すべき
物があり，証拠調べ期日を続行する実益がないとはいえません。

2　回答2

　　証拠調べ期日間において，相手方が未検証データを削除したと主
張する場合，申立人としては，証拠調べ期日の続行を維持した上で
（実際には，相手方が削除した旨申し出たのが，既定の続行期日か
らみて極めてショートノーティスであるため，続行期日を取消した
上，期日続行を維持し，具体的期日は追って指定としてもらう旨を

上申するものと思われます。），①実際の客観的な削除の有無，②削除が事実である場合のその範囲，③削除の時期，④削除の方法・程度，⑤誰が削除したのか，⑥削除の経緯，⑦故意過失の有無，⑧故意である場合のその意図内容，⑨削除の判断・指揮系統等の組織性等について，証拠調べの中で明らかにしたいと考えるものと思われます。

　本設問では，仮に，未検証データが実際に削除されていたとしても，証拠保全決定の主文に掲げた検証物に更新履歴等が入っていれば，削除されたデータは削除されたレベルで未検証データの更新履歴等として当然に検証の対象になります。

　これらの検証物を検証することにより，自ずと①実際の客観的な削除の有無，②削除が事実である場合のその範囲，③削除の時期，④削除の方法・程度は，ある程度判明し，それは検証の結果として検証調書に記載されることになります。また，⑤誰が削除したのかについては，裁判所において，相手方による指示説明の補助者に対し，実際に削除したのが誰かを尋ねて，補助的な指示説明を求めることは可能だと思われますので，⑤の削除した者が判明することはあり得ます。この場合の検証調書には，必要があれば，単に「相手方○○○○の指示説明等」と記載するのではなく，「相手方（○○○○及び△△△△）の指示説明等」とした上で「△△△△は，未検証データを削除したとする者」などと付記書をすることなどが考えられます（削除された未検証データの状況を写真撮影する際，既に本件と関係のない第三者作成のデータが写り込むようであれば，それはマスキングするなりの手当が必要になることは言うまでもありません。）。

　　しかし，申立人が本件証拠調べ手続において明らかにしたいと考える上記の⑥削除の経緯，⑦故意過失の有無，⑧故意である場合のその意図内容，⑨削除の判断・指揮系統等の組織性等については，検証の方法による本件証拠調べの範囲を超えており，審尋や尋問等の他の証拠調べによるほかないものと思われます（当事者双方了解の上であれば，検証結果を明らかにする趣旨で，ある程度は可能かもしれませんが，やはり限度があります。）。

3　回答3

　　未検証データの復元が技術的に可能であったとしても，復元データは，もはや本件証拠保全決定の主文に掲げた検証物といえるかは疑義のあるところです。復元作業自体が可能かどうかも検証の範囲を超えていますし，復元に必要なソフトウェアを利用するとなると，場合によっては，相手方の情報端末のデータを消失棄損したり，情報端末自体を破壊したりするおそれもあります。このように，復元が仮に可能であったとしても，これが元々の検証物といえるか疑義がある上，相手方に損害を与えるという事実上のおそれもあるので，本件証拠調べの続行期日においては実施するのは適当ではないものと思われます。

4　結　論

　　以上のようなことから，仮に，未検証データが実際に削除されていたとしても，続行期日を維持し，上記2のとおり証拠調べを行うことができれば，少なくとも，前記①ないし⑤の事実はある程度判明します。

　　相手方が意図的に未検証データを削除したか否かは，初回証拠調べ期日から削除までの期間の長短，削除の方法・程度等が明らかに

なれば，そこから相応の推認が働きます。また，そもそも本設問では，初回の証拠調べ期日で，未検証データの中身はともかく，ファイル名は証拠保全が済んでおり，それらファイルの実在が明らかになっている上，相手方の削除した旨の連絡が続行期日からみて相当にショートノーティスであり，初回期日において申立人が証拠保全したデータも全て削除していたとなれば，これは相手方にとっても将来の本案などに備えて攻撃防御のために必要であったはずの証拠を全て削除したことを意味し，これ自体，極めて不自然で不合理なことです。これに加えて，前記のとおり続行期日における未検証データの削除状況に関する結果が明らかになれば，申立人代理人としては一定の成果が得られたことになるのではないかと思います。

第15　証拠保全手続終了後に，相手方から送付されてきた検証物

> 問題15
>
> 　訴え提起前の証拠保全につき，証拠調べ期日において，検証場所に赴いたところ，検証物のうち一部は滅失した旨申し出があったため，その余の検証物について検証を終えて，同日の証拠調べ期日を終了した。
>
> 　その数日後，相手方から裁判所に対し連絡があり，前回の証拠調べ期日において滅失したと申し出た検証物が，実は相手方の勘違いで発見されたとして，検証物として検証されるはずだった書類一式が送付されてきたが，この場合どう対応すべきか。

回　答

実務的には，送付されてきた書類一式について，その書面の余白等に，送付された経緯を記載して本件証拠保全の事件記録に編綴した上で，申立人にその旨を連絡することとしています。

解　説

1　原　則

　証拠保全手続は既に終了しているので，相手方から後日送付されてきた記録は，検証の結果とすることはできず，当然，検証調書に載せることもできませんし，一旦終了した証拠保全手続を再開し，当事者を裁判所に出頭させるなどして，送付された書類の検証を再開続行するということもできません（診療録等の検証物が転院先にあるため検証不能として証拠調べが終了した場合で，後日，転院先から診療録が戻ってきたと連絡があったとしても，証拠保全手続を

再開できないとされています。)。

　本来であれば，証拠調べ手続終了後に送付されてきた書類一式は，本件証拠保全の事件記録に編綴もできず，全く別の雑綴に編綴するか，若しくは，書類一式は裁判所では受領できず，これらの授受は申立人との間で直接して欲しい旨を相手方に連絡した上でこれら書類の返却受領を促すというのが筋であり，裁判所としては，それら書類を証拠保全の記録に編綴する義務も，申立人に，相手方からの書類送付につき連絡する義務もありません。

2　実務の運用

　しかし，①せっかく相手方が発見して書類一式を送付してきていること，②裁判所から見ても，送付された書類一式が，相手方からの連絡などにより，本件証拠保全に係る検証すべきはずのものであった検証物であることが明らかであること，③申立人にとっても望ましいことであることなどからすると，明確な法令上の根拠はなくても，送付されてきた書類一式について，本件証拠保全事件に関連する書類として，その送付の経緯が分かるように余白に付記書きをするなどして，同事件記録に編綴した上で，申立人にその旨を連絡して，必要に応じてそれらの書類についても閲覧謄写の請求をしてもらうという実務の運用が最も妥当だと思われます。

第16　文書送付嘱託の方法による証拠保全

問題16

　個人の産婦人科病院Ｙに入院していたＶの治療を担当していた
医師Ａは，Ｖに子宮破裂のリスクがあることを認識していたにも
かかわらず，適時適切な診察検査を行わず，Ｈ大学付属病院への
搬送が遅れたことから，ＶはＨ大学付属病院において子宮破裂，
胎児死亡となった。Ｙの診療録等は転院先であったＨ大学付属病
院において保管されていたことから，同病院に対し，診療録等の
文書送付嘱託の方法による証拠保全の申立てがなされた。

　文書送付嘱託の方法による証拠保全とは，どのような証拠調べ
であり，どのような手続がとられるのか。

　仮に，本設問において，診療録等がＹに保管されていたとして，
検証の方法による証拠保全手続において，Ｙが証拠調べに協力す
る姿勢を示していたものの，責任者であるＡが不在との理由から
検証不能となった場合，あらためて文書送付嘱託の方法による証
拠保全を申し立てるのはいかがか。

解　説

1　証拠保全における証拠調べ

　証拠保全も，証拠調べですから，検証だけでなく，証人尋問，書
証の取調べ，鑑定の方法による証拠保全もあります。

　それらの証拠調べのうち最も多いのは，検証の方法による証拠保
全です。従来から検証の方法による証拠保全が多いのは，改ざんの
おそれを理由に，病院や診療所等の医療機関を相手方としてカルテ
やレントゲン写真等の検証を求める事案が多かったためと考えられ

ます。最近では，医療過誤などの従来型の事件のみならず，長時間労働による過労死や職場内におけるセクハラ，パワハラ事件といった労働事件のほか，特殊なところでは使用者責任を問題とした傷害事件，ＤＶ事件，金商法違反事件など事件の幅も増えていますが，その証拠調べの多くはやはり検証の方法による証拠保全です。

　こうした状況においても，検証の次に多いのが，文書送付嘱託の方法による証拠保全ですので，本設問ではこれに関し，留意すべき点などについて解説します。

2　文書送付嘱託の方法による証拠保全

(1)　文書送付嘱託の方法による証拠保全の相手方の適性と対象

　同じ証拠保全でも，検証の方法による場合と文書送付嘱託の方法による場合とでは，その相手方の適性と対象となる証拠物を見分ける必要があります。

　そもそも対立当事者間において，証拠物が文書その他の物について改ざんのおそれ等があるのであれば，それはやはり検証の方法による証拠保全の申立てを検討するのが筋です。

　しかし，証拠物が文書であり，その文書の所持人と申立人が対立関係になく中立もしくは協力を得ることができるような場合であり，対象文書が，証拠隠滅等を意図した改ざんのおそれはないものの，保存期間の満了等の所持人側の都合で機械的に廃棄等されるおそれがある場合は，文書送付嘱託の方法によるのが妥当だと思われます。

(2)　文書送付嘱託による具体的手続について

　通常，文書送付嘱託による場合，まず，文書の所持人に対して当該文書を送付することを嘱託する旨の決定を行い，当該文書が

裁判所に送付されてきたところで，申立人にその旨連絡し，申立人がこれを謄写して，あらためて必要な範囲で書証として裁判所に提出するという流れになります。ですから，まずは，文書の所持人に対し，当該文書を送付することを嘱託する旨の決定とは別に，書証の取調べの決定と証拠調べ期日の指定を行う必要があります。

　ただ，文書送付嘱託をしても，文書の所持人がどのように対応してくるか分かりません。対象となる文書がいつ到着するか，そもそも文書の送付につき協力が得られるかなど，全ては文書の所持人の対応如何にかかっており，文書送付嘱託の時点では不確定な要素が多いものです。

　ですから，文書送付嘱託の決定及び送付の嘱託を先行させて，文書が裁判所に到着した後に，申立人が取調べの対象となる文書を特定して，当該文書を書証として取り調べる決定，証拠調べ期日の指定を行うのが相当です。

　そうすると，嘱託にかかる文書が裁判所に到着した後，申立人が謄写した上，立証に必要と思われる文書を選別検討し，一部を裁判所に提出することも当然に許されるということになります。申立人が書証として提出しなかった文書については，その部分について取下げがあったとものとされますが，実務的には，手続を明確にするために取下書を提出させるか，証拠調べ期日に調書に残すことが相当であると思われます。

　文書送付嘱託の方法による証拠保全とは異なり，調査嘱託の方法による場合は，調査嘱託の結果は口頭弁論に顕出することによって訴訟資料となるとの見解によれば，証拠調べ期日を設ける

必要はないものと考えられています。

(3) 送達について

　　文書の所持人が相手方の場合は，決定書正本，申立書副本（証拠調べ期日を指定した場合は呼出状も含む。）を送達することになりますが，文書の所持人が第三者の場合は，相手方への送達が確認できた後，通常の送付嘱託と同様に嘱託することになります。

　　なお，送達は，検証の場合と異なり，証拠の改ざんのおそれは問題にならないため，証拠調べの直前に実施する必要はありません。ですから，執行官送達にする必要もなく，通常の郵便送達によることで足りると考えられていますし，実務も概ねそのような方法によっています。

(4) 証拠調べ期日

　　文書の所持人が嘱託に応じて送付してきた文書について申立人から書証として提出があると，証拠保全裁判所は，当該文書を書証として取り調べる決定をした上で，証拠調べ期日の指定を行います。その際，相手方にも証拠調べ期日の立会権があるので期日の呼び出しをします。

　　証拠調べ期日においては，通常の書証の取調べと同様の手続で実施しますので，相手方から文書の成立について主張があるなどした場合には，書証目録にその旨を記載する必要があります。

(5) 文書送付嘱託の終了

　　文書が送付され上記(4)のとおり，申立人及び相手方立会の上で，証拠調べ期日において証拠調べが全て終了すれば，文書送付嘱託の方法による証拠保全手続は終了します。

　　また，文書の所持人が文書の提出を拒絶したり又は文書を所持

していない旨の回答をするなどして，文書が送付されなかった場合は，書証の取調べは不可能となります。その場合には，申立人に対して証拠保全の申立てを取り下げることを促し，この取下げに応じなかった場合は，証拠調べ期日を開いて，証拠調べ不能を理由に手続を打ち切り，その旨調書に記載することになります。

3　検証不能の場合の文書送付嘱託の方法による証拠保全の再申立ての適否

　検証の方法による証拠保全を実施したところ，責任者が不在である，データが保管してあるパソコンの操作ができる者がいない，検証物が別の場所に保管してあるため証拠調べ期日での検証はできないなどの場合，検証は検証不能として終了させるしかないこともあります。

　このような場合で，相手方が証拠調べ自体を拒絶しているわけではなく，任意開示に応じる姿勢を示しているようなときは，相手方において任意開示に応じ，相手方から後日当該検証物の写し等を申立人宛に送付する旨の確約をとり，その旨を検証調書に残して終了するという方法をとることもあります（本編の問題9，本書130ページ参照）。

　このような場合に，さらに文書送付嘱託の方法による証拠保全の申立てをすることが考えられます。しかし，文書の改ざんのおそれ等がある場合には文書送付嘱託の方法による証拠保全は適当ではありません。逆に，文書の改ざんのおそれ等がないのであれば，そもそも訴え提起前の証拠保全をする必要性がありません。さらには，初回の検証の方法による証拠調べ期日の時点では検証の決定正本，呼出状及び検証物が記載された申立書副本が送達されていますか

ら，相手方において申立人が必要としている文書がいかなるもので
あるかは明らかです。ですから，もはや意図的な改ざんのおそれが
ないのであれば，廃棄又は散逸のおそれはないということになりま
す。

　以上からすると，一旦，検証の方法による証拠保全が実施され，
相手方が証拠調べを拒絶しているわけではなく，後日において任意
開示に応じるような姿勢を示している場合には，文書送付嘱託の方
法による訴え提起前の証拠保全は，その必要性を認め難い場合が多
いのではないかと思います。

第17　電子カルテを検証物とする場合の留意点

> 問題17
>
> 　近年，多くの医療機関においていわゆる電子カルテが普及して
> きたことに伴い，医療過誤事案の証拠保全について，電子カルテ
> を検証物として掲げることが一般的となってきているが，こうし
> た証拠保全手続においては，いかなることに留意すべきか。

解　説

1　電子カルテとは

　電子カルテとは，医師や歯科医師が診療の過程で得られた患者の
病状や診療経過等の情報を電子情報端末等に入力して電子情報化し
て保存した診療録のことをいい，電子カルテシステムとは，それを
実現するための医療情報システムのことをいいます。

　今や電子カルテの普及は凄まじく，検証の方法による証拠保全手
続において，電子カルテを対象とする場合は急増しています。

　しかし，電子カルテの場合には，検証の目的物は電磁的記録です
から，紙媒体の診療録の場合と異なり，そのままでは見読可能な状
態にないという特色があります。したがって，これまで紙媒体の診
療録を対象として五官の作用により行ってきた検証手続における手
法が，電子カルテには直ちに適用できない場合があります。この場合，
少なくともディスプレイ上に表示された画面やプリントアウトされ
た紙面を媒介として見読可能な状態となると考えられますので，結
局，それらを検証することになります。しかしながら，そこに至る
までの過程には電子カルテならではの特殊性があると思われます。

2　電子カルテを検証物とすることの確認

医療機関が管理・所持している診療録等に電子カルテが含まれているかどうか確認する必要があります。前述したとおり，最近では，大病院から個人の診療所まで相当幅広く普及していますが，一番簡単な確認方法としては，患者であった申立人やその家族が受診やその付き添いの際に，主治医等がＰＣ上の画面でカルテを作成したり，画面を見ながら診断結果や治療方法を説明するなどしていたかを聴取することで，電子カルテの存在をある程度推測することができます。

　仮に申立人らから聴取しても不明な場合でも，電子カルテの現在の普及状況から考えて，病院の規模等によっては，診療録に電子カルテが含まれていることを前提とした方がよいでしょう。

3　電子カルテシステムの種類と特徴

　電子カルテシステムは，医療機関の規模に応じて，様々なシステムが導入されていますが，大きく分けて，①大学病院等の大規模な医療機関を対象とするもの，②大学病院以外の病院等の中規模の医療機関を対象とするもの，③個人病院等の小規模の医療機関を対象とするものに区別することができます。

　「医療情報システムの安全管理に関するガイドライン　第5版」（平成29年5月厚生労働省，以下「厚労省ガイドライン」という。※）によれば，医師法及び歯科医師法に規定する診療録等については，「真正性」，「見読性」，「保存性」の3要件を各施設の責任において担保することで電子媒体による保存が認められています。

　　　※　上記厚労省ガイドラインのほかに，令和2年8月21日に経済産業省と
　　　　総務省から公表された『医療情報を取り扱う情報システム・サービスの
　　　　提供事業者における安全管理ガイドライン（以下「2省ガイドラインと
　　　　いう。）』があります。この2省ガイドラインは，主に電子カルテサービ

　ス事業者が準拠すべきものであり，改ざんのおそれ等について若干関係
してきますが，従来の議論に大きな影響は与えないものと考え，以下，
厚労省ガイドラインに則していくこととします。
　「真正性」とは，電磁的記録に記録された事項について，保存す
べき期間中における当該事項の改変又は消去の事実の有無及びその
内容を確認することができる措置を講じ，かつ，当該電磁的記録の
作成に係る責任の所在を明らかにしていることとされています。こ
れは，電子カルテシステムにログインする際に，作成責任者の識別
及び認証が行われ，入力情報を確定する際もその作成責任者の識別
情報が記録情報に関連づけられ，後からの情報の追加，書き換え，
消去の事実に関し後から確認できるように更新履歴や削除履歴が保
存され，その保存内容を容易に確認できるようにすることで確保さ
れています。また，「見読性」は，必要に応じ電磁的記録に記録さ
れた事項を出力することにより，直ちに明瞭かつ整然とした形式で
使用に係る電子計算機その他の機器に表示し，及び書面を作成でき
るようにすることであり，「保存性」は，電磁的記録に記録された
事項について，保存すべき期間中において復元可能な状態で保存す
ることができる措置を講じていることをそれぞれ意味します。
　このうち，「真正性」に関して，上記の①大学病院等の大規模な
医療機関を対象とするもの，②大学病院以外の病院等の中規模の医
療機関を対象とするもの各電子カルテシステムでは，痕跡を残さな
いで編集等の改ざん等を行うことは基本的には難しいとされていま
す。これは，組織的にカルテ改ざんが行われるのは皆無とはいえま
せんが，システムが大規模で複雑な大病院などでは，システムを管
理する者と入力するものが異なることもあり，痕跡を残さないで編
集することは困難と考えられることにあります。

具体的には，更新履歴を残さないことができない取り扱いになっているということです。ただし，これは取り扱いであって，電子カルテには様々なものがあることにより，更新履歴の変更等に関する権限と知識等があれば更新履歴を含めあらゆる改ざんをはかることができるシステムがあることに注意する必要があります。このため，電子カルテであることのみをもって，改ざんのおそれがないとすることはできず，この点，検証の方法による証拠調べを実施する必要性も要件も満たすと考えられています。

　これに対し，上記③個人病院等の小規模の医療機関を対象とするものの電子カルテシステムは，医師自らオリジナルのシステムを構築するなどしていることもあり，必ずしも更新履歴を残す等の措置がされていない場合もある上，医師やその家族がシステムを管理している場合もあり，比較的容易に改ざんされるおそれがあるとも指摘されています。

　いずれにしても，「更新履歴」にこそ，改ざんの足跡が残るのですから，検証の方法による証拠保全を求めるあたり，その必要性として電子カルテの改ざんのおそれを申立書に示しておきながら，電子カルテを検証物として「更新履歴」を掲げていないのはおかしいですし，結果としても，電子カルテを用いる医療機関に対し最終更新版のみを表示・印刷すれば十分とさせることとなり，検証結果の意味合いも半減してしまいます。

　これは，医療機関の保有する電子カルテのみならず，今や，あらゆる電子データに共通していえることだと言っても過言ではありません。

4　検証の実施に当たっての問題点とその対策

　電子カルテ等の電磁的記録は，そこに記録された電子情報が証拠保全の対象となるにもかかわらず，対象となる情報自体はそのままでは外形的に見読する状態にはありません。

　具体的には，相手方において，電磁的記録をディスプレイ上に表示してもらうか，紙に印刷してもらうことによって見読可能な状態にしたうえで検証することになりますので，以下のような問題があります。

(1)　検証現場での問題とその対応

　①　検証の対象の選択

　　　電磁的記録を見読可能な状態にした検証には，ＰＣ等のディスプレイ上に表示してもらった上で画面を検証するか（以下「画面検証」という。），紙面等にプリントアウトしてもらった上で紙面を検証するか（以下「紙面検証」という。）のいずれかがあります。

　　　電磁的記録の追加・削除・訂正等がディスプレイ上に表示された文字や図形等に基づき実行されていることからすれば，画面検証の方が優れていると言えます。しかし，画面検証による場合，ディスプレイ上に診療情報以外のメニューバーやタグなどが表示され，複数のウィンドーを開けてマルチタスクで表示されていると検証の対象となる情報がいずれか分かり難くなるうえ，画面表示を対象としているため，画面の切り替えにより直ちに次画面に移るなど検証の対象が動的であり一次的で不安定であるという問題がありますし，画面上でのみ検証をすると，そのボリュームにもよりますが，画面操作をしてもらいながらの検証では，検証漏れが発生するおそれもあります。また，画

面検証による場合でも，結局は，その電磁的記録自体を検証結果として記録にするに当たって，プリントアウトによるものを添付するとなると，厳密には画面検証の結果と異なる内容の検証結果を検証結果にしてしまうということになります。

　そうすると，最初から電磁的記録を紙面にプリントアウトしてもらう方法による検証である紙面検証の方が，検証対象として確定的で安定していること，検証漏れのおそれが少ないこと，検証としての実際の証拠調べと検証結果としての検証調書の内容が一致することなどから，紙面検証をメインとして，画面検証でこれを補完するという検証が最もよいのではないかと思います。

② 検証の相手方の態度とこれに対する対応

　次に相手方の対応に関する問題ですが，相手方立会人に対し，「更新履歴」の存否等を含めて電子カルテシステムの「真正性」の要件が備わっているか確認するに際し，当該立会人自身が電子カルテシステムに精通していないため，明確な回答を得られない，あるいは，病院によってはそもそもシステムに精通した立会人を置いておらず，又は，敢えて立ち会わせず電子カルテシステムの操作を証拠保全に出向いた裁判所任せにする場合などがあります。

　このような場合，裁判所側としてはもちろんのこと，申立人代理人側としても，仮に相手方の同意があったとしても，電子カルテシステムを不用意に操作しないようにすべきは当然のことです。不用意に操作することにより，電磁的記録が変更・保存されることもありますし，場合によっては，相手方に思わぬ

損害を与えるおそれもあります。

　基本的にはいずれの場合も，その場の立会人以外にも電子カルテシステムに精通した担当者である電子カルテシステムの管理者，保守担当者等を呼んでもらい，協力を得るなり，その説明を聞くのが最も適切です。

　そうした協力が得られない場合，仮に検証漏れ等が生じたときは，後日，その事情等がその紛争の種になること，また，後に改めて相手方から電子カルテの提出があってもその信用性について無用な争いが生じることなどを立会人に丁寧に説明し，その理解を得た上で検証が実施できるようにすべきです。

(2)　調書上の記録化の方法についての問題点

　紙面検証をメインに考えた場合，電子カルテシステムに一括印刷機能がある場合には，電磁的記録をプリントアウトしてもらい，この紙面を調書に添付する形で記録化すればよいのであり，この方法が一番簡便です。

　しかし，この方法による記録化については，電子カルテシステムの中には一括印刷機能がないものがあること，プリントアウトするのに相当な時間がかかる場合があること，電子カルテシステムによっては，通常業務では必要性が乏しいからか，更新履歴は記録されていても出力の際には最終的に確定された電磁的記録のみを印字する設定になっていることなどの問題があることもあります。

　一括印刷機能がない等によりプリントアウトに相当の時間がかかる場合などは，当日の検証予定の時間内では検証が終了しない場合があります。

こうした場合,証拠調べ期日内で検証できるところまで検証し,残りの検証物については,証拠調べ期日を終えた後に,後日,相手方において申立人代理人に対し任意開示することを約束してもらった上で,任意開示された書面を裁判所に送付してもらうという方法が考えられます（本編の問題9,本書130ページ参照）。

　この場合,相手方の任意開示の約束について,検証調書に記載しておくように,申立人代理人においても裁判所に申し立てておいた方がよいでしょう。

　なお,任意開示された後の書面は,裁判所に送られてきても,裁判所の検証を経ていないので検証結果そのものにはなりませんが,参考記録として証拠保全の本体記録に編綴することとしています（本編の問題9,本書130ページ参照）。

第3編　訴え提起前の和解
・和解条項

第3編　訴え提起前の和解・和解条項

本編では，訴え提起前の和解及び和解条項に関する諸問題を取り上げています。

民事訴訟が提起されて，訴訟の係属中に当事者間において合意が成立しそうであれば，裁判所は和解勧試をし（民訴法89条），仮に合意に達すれば和解を成立させることができ，これを和解調書に記載すれば確定判決と同一の効力を有することになりますが（民訴法267条），このような和解は，一般に，訴訟上の和解と言われます。

他方で，訴訟を提起しなくとも，民事上の争いについて当事者間において合意が成立した場合には，当事者が簡易裁判所に対して和解の申立てをすることができ，この合意の内容が調書に記載されると訴訟上の和解と同じ効力が生じますが，これが本編で扱う訴え提起前の和解です（民訴法275条）。

なお，この手続は，通常，申立てを受けた後，申立人らと何度か和解条項について修正のやり取りをした後に，概ね完成した時点で和解期日を定め，ほぼ1回の和解期日で和解を成立させることから，実務上，即決和解などと呼ばれています。

この訴え提起前の和解と冒頭に示した訴訟上の和解とを併せて，裁判上の和解といいます。

本編では，訴え提起前の和解に固有の問題である，民事上の争いの要件，申立て手続のほか，訴訟上の和解等においても問題となる和解条項の一般的な問題を取り上げて解説しています。

第1　民事上の争いの要件

問題1

　債権者Xが，債務者Yに100万円を貸し付けたが，返済期限ま
でにYが返済できなかったため，その返済につき紛争が生じた。
その後，これを月々20万円ずつ5回に分割して返済することと
し，1回でも支払を怠ったときは期限の利益を喪失する旨の合意
ができたことから，訴え提起前の和解が申し立てられ，上記合意
内容の和解が成立した（以下「先行和解」という。）。

　その3か月後，Yは残債60万円を残して，分割払いの支払いを
怠り期限の利益を喪失したが，その時点ではXが柔軟に対応した
ことから，XY間において再び話合いが行われ，月々5万円ずつ
12回の分割払いで合意した。

　そこで，XとYは再度，同一当事者間における先行和解に係る
残債務についての訴え提起前の和解（以下「後行和解」という。）
を申し立てた。

　この場合，後行和解の申立てについて，その要件である民事上
の争いが存在すると解してよいか。

■ 回　答

民事上の争いが存在すると解することができます。

■ 解　説

1　訴え提起前の和解の申立てにおける民事上の争い

　訴え提起前の和解は，当事者間に民事上の争いが存在することが
要件になっており（民訴法275条1項），この要件が欠ける場合は申
立てが却下されます。

　ここでいう民事上の争いとは，一般的には，当事者が法律関係の存否，範囲又は態様に関して反対の主張をすること，当事者の主張が一致しないことです。

　しかし，実務上は，広く権利関係についての不確実や，権利実行の不安全を含み，また，将来発生する可能性のある紛争が予測できる事情が存する場合を含むとしています。ただし，将来予想される紛争は，単に主観的に権利の実現に不安があるという抽象的なおそれのみでは足りず，当該事件の具体的事実関係からこれを認定し得る場合であることを要します。

　下級審裁判例においても「訴え提起前の和解は，将来の訴訟防止を主目的とするから，和解申立て当時に将来紛争の発生する可能性が予測できる場合であれば，要件たる『民事上の争い』が存在する。和解の申立人と相手方の間で，原起訴前の和解の履行期限・支払条件等を変更する旨の新たな合意が形成されていたとしても，それは起訴前の和解のような効力を有しないから，その合意をめぐる紛争が将来生ずる可能性が十分に予測できる。」旨判示したものがあります（大阪地決平3.5.14）。

2　本設問への当てはめ

　これを本設問に当てはめてみると，先行和解では，一時的にＸＹ間で民事上の争いになった上，和解が成立しています。その後，再びＹにおいて先行和解の分割払いが履行できなくなったわけですが，その際は，Ｘが柔軟に対応するなどして民事上の争いに至ることなく後行和解の申立てに至っています。

　そうすると，後行和解の申立時点においては，民事上の争いは存在していなかったとも言えそうです。

しかし，上記大阪地裁の決定の趣旨からすれば，ＸＹ間のそれ以前の本件貸付金についての民事上の争いを経た先行和解，これに続く後行和解の合意形成の具体的事実経過からして，まさに将来においてＸＹ間に本件に関する紛争が発生する可能性が予測できる場合であると言えるのであり，したがって後行和解の申立においても民事上の争いの要件が存在すると解することができます。

　やはり，せっかく当事者が自主的に和解の合意をしているのですから，民事上の争いの要件について厳格に解してあえて申立てを不適法として却下とすることはできる限り避ける扱いの方が妥当なのではないかと思います。

　なお，後行和解成立の際には，先行和解による和解調書による強制執行はしない旨のいわゆる不執行条項を設けておく必要があります（本編の問題8，本書193ページ）。

3　警戒すべき民事上の争いを装った脱法目的の申立

　ただし，そうはいっても，当事者双方が法の規制を免れる目的で，紛争解決を装って訴え提起前の和解の申立てをするような場合もないわけではありません。

　所得税法64条2項によると，連帯保証人が保証債務を履行するに当たり，所有不動産を処分した場合，主債務者が支払不能状態になっていれば，連帯保証人の保証債務履行のための不動産売却は譲渡所得とならない旨の定めがあります。

　過去には，この定めを悪用して架空の保証債務を作出し，その履行を仮装して土地譲渡収入に対する課税を免れるために，脱税請負人が，訴え提起前の和解を利用して，保証債務の存在とその履行を仮装する目的の虚偽の和解調書を作成させるなどした巧妙な脱税事

案もあったようです。

　裁判所としては，そうした事案に結果として加担するようなことにならないように警戒し慎重に審査しなければなりません。

　当事者代理人としても，自らの事実関係の調査不足から上記のような不正案件に関わることがあってはならないことはもとより，裁判所からそうした疑いを抱かれないためにも，民事上の争いの要件については，将来の紛争の可能性も含めて，その実情や事実経過に関し，しっかりと調査した上で，申立書に分かり易く明示するべきでしょう。

　なお，申立書には，請求の原因と民事上の争いの存在を明確に識別して記載することは必要的ではなく，実務上は一括して記載されていることもありますが，請求原因と分けて「民事上の争い」又は「争いの実情」などの項目を立てて記載する例もあり，後者の方が，申立要件を意識した丁寧で分かりやすい申立てであると言えます。

第2　任意後見人による訴え提起前の和解の申立ての可否

問題2

　Aは，長年にわたって自己の所有するアパートの経営を行ってきたが，ＭＣＩ（認知症の前駆段階）と診断されたことから，近い将来，アパート経営が困難になるかも知れないことを懸念し，市役所勤めの長男Ｘ（訴訟代理人となりうる弁護士等の資格はない。）との間で任意後見契約を結んだ。その3年後に，Aの症状が進んだことから，任意後見監督人が選任され，Ｘが任意後見人となった。

　その後，Ｘは，アパート入居者Ｙとの間の賃料不払いを理由とした契約解除の紛争に関し，部屋の明け渡しなどをする話し合いができたとして，ＸをAの代理人とする訴え提起前の和解の申立てをしたが，この申立ては認められるか。

回　答

Ｘは，Aの代理人として訴え提起前の和解の申立てはできません。

解　説

1　訴え提起前の和解の申立ての性質

　訴え提起前の和解は，民事上の争いについて，訴訟を起こさなくても，当事者間で合意ができる見込みがあれば，当事者が簡易裁判所に和解の申立てをすることができ（民訴法275条1項），この合意の結果が和解調書に記載されると，訴訟上の和解と同一の効力が発生するという手続であり，訴訟係属中に成立する和解である訴訟上の和解と併せて，裁判上の和解といいます。

　この訴え提起前の和解に関しては，和解不成立による通常訴訟へ

の移行として，同条2項において「和解が調わない場合において，和解の期日に出頭した当事者双方の申立てがあるときは，裁判所は，直ちに訴訟の弁論を命ずる。この場合においては，和解の申立てをした者は，その申立てをした時に，訴えを提起したものとみなし，和解費用は，訴訟費用の一部とする。」と定められています。実務的には，訴え提起前の和解の手続で和解不成立による通常訴訟移行ということは，ほぼ皆無と言っても過言ではありませんが，上記の定めからしても，訴え提起前の和解の申立ては，潜在的には訴訟提起の行為が含まれており，まさに訴訟行為であるということができます。

2　訴え提起前の和解の申立ての代理権

　　本人に代わって訴訟行為を代理できるのは，親権者等の法定代理人（民訴法31条等）と，訴訟追行のために代理権を授与された任意代理人たる法律上の資格を有する訴訟代理人です（民訴法54条1項）。この訴訟代理人は，支配人などの法令に基づくもの（会社法11条1項）のほか，弁護士，簡裁訴訟代理能力の認定を受けたいわゆる認定司法書士（司法書士法3条）といった法曹資格等のある者でなければなりません。

　　本設問のXはAの任意後見人です。任意後見人は，その任意後見契約に基づき本人の財産管理に関する事務の全部又は一部について委託された事務を代理することはできますが，成年後見人などの法定代理人ではありませんし，Xには訴訟代理人となりうる弁護士等の資格もありません。

3　訴え提起前の和解の申立について許可代理制度の利用の可否

　　また，訴え提起前の和解は簡易裁判所の専属管轄であるところ（民

訴法275条1項），簡易裁判所においては，裁判所の許可を得れば弁護士や認定司法書士でない者も訴訟代理人となることができるいわゆる許可代理人制度があります（民訴法54条1項ただし書）。

本設問のような場合，任意後見人に法定代理人のような独立した訴訟代理権がないため，そもそも訴え提起前の和解の申立て自体は本人によらざるをえません。

本設問では，本人であるAの認知機能に問題がある以上，申立て自体，有効か否か判然としませんが，仮にAの申立てが有効だとすると，この申立てにより訴え提起前の和解の事件が裁判所に係属し，その後，XはAの委任を受けて代理許可申請をして，これが認められれば，以降，XはAの許可代理人として和解期日に立ち会うなどすることができます。

しかし，訴え提起前の和解の申立自体は，XはAの代理人としてすることができるでしょうか。

そこで，問題になるのが，任意後見人であるXが，訴え提起前の和解の申立以前又はこれと同時に，裁判所にAについての代理許可申請をして，許可代理人として申立をすることができるかです。

この点，訴え提起前の和解の申立ての受理をもって始めて事件として裁判所に係属しますので，その事件に係る許可代理人について，事件係属以前の申立てにより，裁判所が，許可代理の申立人を代理人として許可する判断はできません。また，代理人の許可はあくまで裁判所の判断ですから，実務的にも，当事者が勝手に裁判所の許可を受けることを見込んで，これを前提にして申立書とともに許可代理の申請をして許可代理人として訴え提起前の和解の申立てをしたとするようなことも認められていないと思います。

　いわゆる業者事件などで，訴状とともに会社従業員の代理許可申請書が提出されることはありますが，これは原告が法人等の当事者本人であり，訴状作成や訴え提起について，あくまで原告たる法人等の本人が会社従業員を手足として使って行っているのであり，代理人の許可を予定している者が行っているわけではありません。いずれにしても簡易裁判所における許可代理人制度は，使い方を間違えると，法令に基づく資格を有する者の訴訟代理人制度に関して脱法的運用となりかねませんので，安易な申請は認められず，慎重に判断されています。

　したがって，本設問においては，Ｘは，Ａの任意後見人ではあるものの，成年後見人等の法定代理人ではなく，弁護士等の訴訟代理人の資格もないこと，訴え提起前の和解の申立て行為自体には許可代理人制度は使えないことから，Ａの代理人として訴え提起前の和解の申立てはできないということになります。

4　関連事項

　仮に，ＸがＡの代理人となり得ないことを看過したまま和解を成立させてしまった場合，これを理由に和解無効確認の訴え又は請求異議の訴え（民執法35条１項）によって争われる場合があります。

　なお，Ａ本人が，事理弁識能力を常況的に欠くような状態であるならば，申立書や申立て行為を本人の名前ですること自体できないでしょうから，前述した業者事件タイプの方法によることもできません。訴訟代理人に申立てを委任するにしても，又は，許可代理の申請をするにしても，Ａ本人の意思能力が問題になりますので，もはや法定の成年後見制度等の利用を考えるほかないでしょう。

第3 民事保全事件の審理中における和解

問題3

　債権者である建設会社がリースを受けて使用していた大型重機
が故障したため，債権者としては，修理専門業者である債務者に
上記大型重機を預けて修理見積りを依頼したつもりであったが，
依頼の趣旨を見積りのみならず修理の請負と理解した債務者は，
上記大型重機の修理を完了したとして，修理代金を被担保債権と
する留置権を主張して上記大型重機を返還しない。

　そこで，債権者は，東京地方裁判所に訴訟を提起する前に，リー
ス会社がその所有権に基づき債務者に対して有する大型重機の返
還請求権を代位行使するいわゆる債権者代位権の転用の構成で所
有権に基づく引渡請求権を被保全債権として，同裁判所に引渡断
行の仮処分命令の申立てをした。

　本件は，債務者が上記大型重機を他に処分する等のおそれが少
ない事案であったため，発令前に，民事保全法23条4項本文の原
則どおり債務者も呼び出して審尋を行った。

　そうしたところ，債務者による修理の事実が認められ，修理代
金は債権者も納得して支払いができることなどが判明したことか
ら，和解を成立させたい。

　本設問のように民事保全の債務者審尋中に和解を成立させるこ
とはできるか。

■ 回 答

民事保全の債務者審尋中でも和解を成立させることはできます。

■ 解　説

　裁判上の和解には，訴え提起前の和解と訴訟上の和解があります。

　本設問の和解は，その成立時期が訴え未提起の保全審理の段階ですから，訴え提起前の和解（民訴法275条）ではないかとの疑問も生じます。しかし，それは和解成立の段階を現象面から捉えただけの理解です。

　訴え提起前の和解の場合は，簡易裁判所の専属管轄となりますが，本設問では地裁での民事保全の審理中です。また，訴え提起前の和解は，まず，請求の趣旨及び原因並びに争いの実情を表示して，管轄の簡易裁判所に申立てをしなければなりませんが（同条1項），保全審理中の和解ではその申立てがありません。さらには，保全審理中の和解となりますと，仮に成立しなくても保全審理が続行され判断されるだけですが，訴え提起前の和解では，和解が調わない場合に，当事者双方の申立てがあるときは通常訴訟に移行しますし，和解を申立てたときに訴え提起があったものと擬制されます（同条2項）。保全審理中の和解は，そもそもの訴え提起前の和解の申立てがないので，訴え提起を擬制する基礎としての申立てもなく，和解不成立による通常移行ということはあり得ません。

　そうすると，保全審理中の和解は，訴訟上の和解ということになるでしょうか。

　訴訟上の和解は，一般的な定義としては，訴訟係属中に当事者双方が互いに譲歩することによって訴訟を終了させる旨の期日における合意ということになります。また，裁判所が，訴訟上の和解勧試をできる時期について定めた根拠規定をみると，民訴法89条に「裁判所は，訴訟がいかなる程度にあるかを問わず，和解を試み，又は受命裁判官若しくは受託裁判官に和解を試みさせることができる。」と定められ

ています。これらによれば，訴訟上の和解は，通常の民事訴訟手続においてのみ成立させうるものであり，これに付随する民事保全手続においてはできないようにも考えられます。実際に，かつては保全手続において和解はできないとする考え方もあったようです（法曹会決議昭15.5.8決議要録299頁）。

　しかし，民訴法89条にいう「訴訟がいかなる程度にあるかを問わず」については，これを，訴訟係属中だけでなく，将来訴訟が提起されるであろうことを前提にして，訴訟係属としてはゼロベースの程度も含むと解することもできます。このように解すれば，民事保全手続が，本案訴訟を前提とし，本案訴訟に付随する性質を有しているのですから，保全審理が始まっている以上，訴え未提起の段階であっても，その審理中に，民保法7条に準用される民訴法89条を根拠として裁判所による和解勧試が可能であり，これによって裁判所の関与する和解を成立させることができるものと考えられます。

　また，そもそも訴訟上の和解は，民事訴訟の対象である司法上の権利又は法律関係について認められる私的自治の原則の訴訟の場における発現である処分権主義に基づくものですから，せっかく，当事者の一致した合意により，裁判所が介在して自主的紛争解決に至ろうとしているのに，これを形式的な要件に照らして成立させないというのは，百害有って一利無しというべきでしょう。

　このようなことから，現在では，民事保全審理中においても，訴訟上の和解勧試，和解成立は認められています。

　判例においても「所謂裁判上の和解は，通常の民事訴訟手続（判決手続）においてのみこれを成立せしめ得るものであつて，付随手続たる保全訴訟においては，之を許さないかの様にも見える。而して，左

様に解する説もないでもない様である。然し乍ら，裁判上の和解の性質や起訴前の簡易裁判所の和解の認められている趣旨などに照せば，保全訴訟手続においても，いやしくも当事者間において，争を止める為に，訴訟物に関連して法律関係を調核するにつき意見の一致を見て，当事者双方がその旨を裁判所に陳述する限りは，裁判所は，これにつき和解調書を作成し得るものと解すべきことは，むしろ当然である，と考えられる。」旨判示したものがあります（福岡高決昭30.1.31.代替執行命令に対する抗告事件）。

　実務上も，特に仮の地位を定める仮処分の審査においては，原則として必要的に債務者審尋をするので（民保法23条4項本文），債権者も揃ったところでお互いの主張を整理する中で妥協案が見えてくることもあります。そうした場合は，仮処分の発令による当事者の多大な負担や本案による泥沼化を避けることができるという意味で大変有益なこともあり，時折，和解が試みられることがあります。実際に債権者においてもこれを期待して仮処分の申立てをしてくることもあるようで，その場合には，むしろ，債務者審尋期日における和解の意向をほのめかすことさえあるようです。

　なお，訴訟上の和解の機会について，民事保全のみならず，証拠保全や強制執行事件の係属する裁判所においても和解をすることができるとの考え方もあります。確かに和解は可能かもしれませんが，訴え提起前の証拠保全であれば申立人は事実関係を証明すべき証拠さえ十分でない段階ですし，また，強制執行の段階まで至っているとなると，もはや和解の余地はさほど残っていないでしょうから，やはり，もっとも現実的で効果的なのは，民事保全手続における和解ではないかと思います。

第4　利害関係人の参加の必要性

問題4

　申立人Xと相手方株式会社Yとの間で，Yの代表取締役Aを連帯保証人とする事務所の賃貸借契約について，Yの未払い賃料が3か月に及んだことからX・Y間で本件賃貸借契約を合意解除することとなったが，XがYの未払い賃料を免除し，本和解成立から1か月間，賃料相当損害金を免除の上，明渡しを猶予する旨の和解が成立したとして，訴え提起前の和解が申立てられた。

　和解条項（案）の修正・相互調整を終え，和解期日において，X代理人弁護士甲と，Yの従業員乙が許可代理人として出頭（A不出頭）の上，和解条項を確認していたところ，連帯保証人Aについて，利害関係人として参加していないことに気付いた。どのように対応すべきか。

回　答

あえてAを利害関係人として参加させる必要はありません。

解　説

1　本設問の問題点

　本設問の場合，本来であればAを利害関係人として参加させた上で，XがYの未払い家賃についてAの連帯保証債務を免除するとの免除条項を加えたり，清算条項に「申立人，相手方及び利害関係人は，申立人と相手方の間及び申立人と利害関係人の間には，本件に関し，本和解条項に定めるもののほかに何らの債権債務のないことを相互に確認する。」と記載するなどとして，和解条項を整えて和解を成立させなければ，XYAの三者間の本当の意味での終局的な

紛争解決にはなりません。

　しかし，本設問では，Aが利害関係人として訴え提起前の和解の手続に参加していませんでしたし，和解期日においては，Yは従業員乙を許可代理人としており，A本人が期日に出頭していないことから，和解期日の当日，直ちに利害関係人として参加を申し出ることもできません。

　債務免除条項については，債務を免除する旨の債権者と債務者の合意ですから，Xは利害関係人となっていないAに対し連帯保証債務の免除はできませんし，債務免除の要件としては債権者の債務者に対する免除の意思表示であることを要しますので，仮に，XがYに対しAの連帯保証債務を免除するとの意思表示を示した条項にしたとしても連帯保証債務は消滅しません（大判大2. 7. 10）。また，清算条項についても，Aが利害関係人として参加していない以上，Aは本件和解の清算条項の確認主体とはなれません。

2　本設問の問題点に対する合理的な考え方と実務的解決策

　しかし，本件賃貸借契約に関しAが連帯保証をしているというのは，その実態としては会社の資金繰り融資対策のためのいわゆる経営者保証と全く変わらず，いわば会社Yと経営者Aは経済的に同一体です。

　また，XはYに対し未払い賃料を免除する上，明渡し猶予期間を設け，さらには猶予期間中の賃料相当損害金まで免除するという極めて寛大な条件を提示して合意を形成しています。実情としては，Xとしても多少の不利益を被っても，できるだけ早期にYに本件賃貸物件の明渡しを実現してもらい，新たな借主を見つけたいというところだと思われます。

こうした実情や和解内容からすれば，もはやＡを利害関係人として参加させなくとも本和解期日において一挙に和解を成立させるべきだと判断されるところです。

　ただ，Ａに関して，全く和解条項中に入れないというのでは，Ａの立場を不安定にさせてしまうという懸念も残りますので，法的な意味はともかく，少なくとも「ＸとＹは，ＸがＡに対してＹの賃貸借契約にかかる連帯保証債務を請求しない（放棄する）ことを相互に確認する。」といった紳士条項的な確認条項を一つ入れておくことで，その懸念を払拭するという手当は考えられるところです。

　利害関係人の参加の必要性について硬直に考えることなく，このような条項を設けることで，当事者双方において，Ａを含む三者の法律関係を明瞭にし，その共通認識をもつことができるという意味では，非常に有効な選択肢の一つと言えます。

第5　引き換え給付条項と期限の関係

問題5

　ある建物明け渡しについての訴え提起前の和解の申立てにおいて，申立人代理人から，以下のような和解条項が示された。

1　申立人は，相手方に対し，令和3年4月10日限り，本件建物の明渡しを受けるのと引換えに，金100万円を，持参又は送金して支払う。

2　相手方は，申立人に対し，令和3年4月10日限り，申立人から前項の金員の支払いを受けるのと引換えに，本件建物を明け渡す。

3　相手方は，申立人に対し，前項の明渡し期限にかかわらず，できる限り，本件建物の明渡しが可能になった段階で，その旨を通知し，申立人の了解を得た上で，直ちに本件建物を明け渡すことを確約する。

　上記条項について，相手方代理人から，第1項にある期限「令和3年4月10日限り」を外して欲しい旨申し出があったが，如何にすべきか。

回　答

合意内容によっては，第1項のみ期限を外すこともできます。

解　説

　上記第1項のままであると，相手方が，期限の利益を放棄して，期限よりも早く本件建物を明け渡した場合でも，申立人は，金員の支払いは期限まで引き延ばすことができます。

　本設問のモデルになった事例では，相手方としては，経済的に困窮

していたこともあり，仮に期限よりも早く明け渡しを履行した場合は申立人から直ちに現金を支払ってもらいたいと考え，任意条項ではあるものの可能な限り前倒しで本件建物を明け渡す旨を確約する条項として第3項を設けたのであり，第1項の期限を削除してほしいということでした。

　引換給付の関係にある第1項と第2項の2つの条項は，それぞれについて履行期を定めることもあれば，その一方の給付についてのみ履行期を定めることもあります。双方の給付について履行期が定められている場合，当事者の一方が期限の利益を放棄して同時履行期前に自己の債務を履行しても，他の当事者は定められた履行期が到来するまでは自己の債務の履行を拒むことができます。

　これに対し，一方の給付についてのみ履行期の定めがある場合においては，同時履行の付された給付の債務者が期限の利益を放棄して自己の債務を履行したときは，他方の反対給付について履行期が到来したことになります。

　その趣旨で，申立人が了解するのであれば，相手方代理人の申し出どおり，第1項にある期限「令和3年4月10日限り」を外しても良いものと思われます。

第6　将来の合意解除を内容とする確認条項の妥当性

> 問題6
>
> 　令和3年4月20日を訴え提起前の和解の期日として，以下のような和解条項で和解を成立させたい。
>
> 1　申立人と相手方は，令和3年10月20日，本件建物の賃貸借契約を合意解除することを相互に確認する。
>
> 2　相手方は，申立人に対し，前項の期日限り，本件建物を明け渡す。
>
> 　上記条項に何か問題はないか。

■ 回　答

　第1項が，将来の合意解除を内容としているにもかかわらず，確認条項になっているところに，その妥当性として問題があります。

■ 解　説

　和解の確認条項は，原則として，申立人と相手方の間における特定の権利若しくは法律関係の存在又は不存在を確認する旨の合意を内容とする条項です。

　訴訟における判決では，書証真否の確認（民訴法134条）を除いては，現在の権利又は法律関係の存否の確認しか許されませんが，和解の確認条項の対象としては，そのような制限はなく，現在又は過去の事実の確認も許されるものと考えられています。

　本設問の第1項は，将来の合意解除を内容としていますが，その確認の対象となっているのは，和解期日現在において，6か月先の将来である令和3年10月20日に申立人と相手方が本件賃貸借契約を合意解除する意思を有している事実，つまり合意解除する予定である事実と

解することもできます。もちろん，確認の対象が期限の到来とともに確定的に合意解除される事実とまで読み込むこともできるかもしれませんが，そうすると条項に多義性があり，やはり問題です。

　本設問の和解条項では，第2項の本件建物の明渡しの給付条項自体に問題がないので，明渡しの執行自体は可能かと思われますが，第2項の明渡しの基礎となる法律関係は，第1項の本件賃貸借契約の解除によっているところ，その第1項が，解除そのものではなく，和解成立時における当事者の将来の合意解除の意思の確認と解される場合，第2項の給付条項を支えるのに，もう一段，当事者双方の合意解除の意思表示をする条項が必要となり，必ずしも適切な条項とは言えません。

　将来の合意解除の性質は，新たな法律関係の形成ですから，確認条項ではなく，形成条項として「1　申立人と相手方は，令和3年10月20日，本件建物の賃貸借契約を合意解除する。」とすべきでしょう。

　形成条項は，当事者が自由に処分できる権利又は法律関係について，新たな権利の発生，変更，消滅の効果を生じる合意を内容とする条項であり，権利発生条項，権利変更条項，権利消滅条項の3つに分類することができます。本設問では，賃貸借契約の存在を前提として，当事者間において合意解除する内容ですので，権利消滅条項ということになります。

　こうして第1項を形成条項とすることで，令和3年10月20日の期限の到来をもって，当事者らにおいて何らの意思表示をすることもなく，本件賃貸借契約が合意解除されて，本件建物の明渡しが根拠付けられることになります。

第7　未払賃金と源泉徴収義務

> 問題7
>
> 　未払賃金請求訴訟において和解が成立する場合，訴訟の段階で使用者側から源泉徴収の抗弁が出ても，賃金を支払っていない段階では源泉徴収義務は発生していないので，抗弁としては認められない。
>
> 　しかし，賃金の支払いは，任意弁済でも強制執行でも被用者に支払えば源泉徴収義務は発生するので，強制執行によって未払い賃金全額を回収すると，源泉徴収義務が発生して，その所得税分を使用者から被用者に求償することになる（所得税法222条）。
>
> 　強制執行後に源泉徴収分について求償関係が生じるのであるから，和解では考慮した方が良いのか。

回　答

　源泉徴収分等をあらかじめ控除していないこともありますが，給与明細等に基づき，源泉徴収分等の相当額を最初から控除した額として，後日，求償関係を生じさせない旨の合意をすることは可能だと思われます。

解　説

　未払賃金の給付条項における金額を検討する上で，使用者側に発生するこれに対する源泉徴収額を考慮して未払賃金額から控除するということは必要的ではありません。

　ただし，源泉徴収分について，後日の精算が煩わしいということで，当事者双方において，合意の上で，源泉徴収額を控除したいということであれば，その控除すべき源泉徴収額について使用者側において正

確に計算し，その額を明示すれば，これを未払賃金から控除した額とすることができます。

　その場合には，未払い賃金額の総額と，そこから控除された源泉徴収分について，その計算過程及びその計算結果を示した確認条項を設けておくということも一つの考え方としてあり得ます。

　いずれにしても，その課税リスクは，源泉徴収義務を負う使用者側にあるということになります。

第8 既存の債務名義に基づく強制執行をしない旨を定める和解条項の要否

問題8

　Aは，Bの経営する飲食店の運転資金として貸し付けていた300万円について提起した訴訟において，平成30年4月に5年間の分割払いとすることでBと合意し，訴訟上の和解をし，和解調書（以下「旧和解調書」という。）が作成された。

　その後，上記和解の成立から，Bは順調に返済していたものの，折しも新型コロナウイルスの感染拡大により，令和2年4月以降，分割弁済に行き詰るようになり，上記和解による期限の利益を喪失した。

　その後，AB間において，新たな分割条件の合意がなされ，訴え提起前の和解の申立てがあり，支払条件等について合意が成立し，和解調書（以下「新和解調書」という。）が作成されることとなった。

　この場合，新和解調書の条項中で，旧和解調書に基づく強制執行をしない旨の条項を定めるべきか。

▌回　答

　新和解調書の条項中に，旧和解調書に基づく強制執行はしない旨の条項（以下「不執行合意条項」という。）は定めるべきです。

▌解　説

　民執法においては，この不執行条項は，単なる任意条項や紳士条項ではなく，関連事件の処理条項としての効力条項であり，この条項の記載のある裁判上の和解調書は，同条項において特定された債務名義

の強制執行を停止させる執行停止文書となります（民執法39条1項4号）。

　本設問のように，新たな支払条件に当事者双方が合意して和解が成立する以上，Aが以前の和解調書に基づいて強制執行するような事態は，通常，考え難いところです。しかし，本設問では，旧和解調書は厳然として存在しているわけですし，実際のところ，既にBは旧和解調書にある懈怠約款に反して期限の利益を喪失していますので，新和解調書の懈怠約款に反しないまでもBの返済に滞りが出たことなどからAがBの二度目の裏切りに腹を立てて，既に期限の利益を失っていた旧和解調書で強制執行にかかるということもありうるかも知れません。

　万が一このような事態になった場合でも，旧和解調書に関する不執行合意条項が記載されている新和解調書を執行停止文書として執行裁判所に提出すれば，直ちにその強制執行を停止させることができるわけです。

　それではもう一歩踏み込んで，新和解調書に，旧和解調書に関する不執行合意条項の記載がなかった場合はどうなるでしょうか。

　これに関し，本設問と類似する状況として，仮執行宣言後の督促異議申立てによる通常訴訟移行後の和解成立の場合を考えて検討してみましょう。

　支払督促（民訴法382条）に対する異議申立ては，仮執行宣言前の督促異議（民訴法390条）と仮執行宣言後の督促異議（民訴法393条）の2つに分けられます。

　いずれの場合も，適法な督促異議の申立てがあると，その督促異議に係る請求については，事物管轄に従って，支払督促を発した裁判所

書記官の所属する簡易裁判所又はその所在地を管轄する地方裁判所に訴えの提起があったものとみなされて，通常訴訟に移行します（民訴法395条）。

　仮執行宣言前の督促異議申立てがなされると，支払督促は失効するので（民訴法390条），債務名義は何も残らず本設問のような二重の債務名義の問題は起きませんが，仮執行宣言後の督促異議申立ての場合は，支払督促の確定が阻止されるだけであって，執行力のある債務名義としての仮執行宣言付支払督促は残るので，通常訴訟移行後に和解が成立した場合には，和解調書との関係で二重の債務名義の問題が出てくるわけです。

　民執法上は，仮執行宣言後の督促異議申立てで通常訴訟に移行した後に和解が成立している場合に，仮執行宣言付支払督促は失効すると解されています（民執法39条1項3号。同法22条2号から4号の2までに掲げる債務名義が訴えの取下げその他の事由により効力を失ったことを称する調書の正本その他の裁判所書記官の作成した文書は，執行停止文書となります（仮執行宣言付支払督促は同条4号に該当します。））。このように旧債務名義である仮執行宣言付支払督促は失効しているのですから，通常訴訟移行後に成立した和解調書にわざわざ不執行合意条項を記載するまでもないのです。ただ，この場合でも，和解条項中に「仮執行宣言付支払督促に基づく強制執行をしない」旨の合意を付加するのが実務上の取扱いであり，こうすることにより，民執法39条1項4号の執行停止文書ともなりうるわけですが，結局は，それは，仮執行宣言付支払督促に基づく強制執行をさせないことを明確にするための措置だといわれています。

　それでは，既存の債務名義が仮執行宣言付支払督促ではなく，和解

調書である場合にも同様に考えることができるでしょうか。

　先に引用した民執法39条１項３号は，同法22条２号から４号の２までに掲げる債務名義を対象としているところ，仮執行宣言付支払督促とは違って，和解調書は，これらに該当しません（和解調書は，同法22条７号の「確定判決と同一の効力を有する」債務名義に当たります。）。

　前述したように，新和解調書において旧和解調書に関して不執行合意条項が記載されていれば，仮に旧和解調書に基づく強制執行が開始されても，新和解調書が民執法39条１項４号の執行停止文書になりますから，執行裁判所に同調書の正本が提出されれば，執行裁判所は直ちに執行手続を停止した上，既にした執行処分をも取り消さなければならないこととなり，問題はありません（民執法40条１項）。

　これに対し，新和解調書に旧和解調書に関する不執行合意条項が記載されていない場合は，旧債務名義が仮執行宣言付支払督促である場合と異なり，新和解調書の成立は，少なくとも文理上は，旧和解調書を失効させませんし，民執法39条１項４号のほかいずれの執行停止文書にも該当しません。

　解釈上は，前の和解の失効等を明確に宣言していない場合であっても，前の和解を失効させる趣旨で後の和解がされているときは，民執法39条１項３号により前の和解調書は失効するとする説もありますが，執行裁判所はある意味で形式的審理を旨としていますので，明文の規定がない以上，債務者から不執行合意条項のない新和解調書正本の提出を受けても，執行停止文書として取り扱ってくれるかどうかは懸念が残るところです。

　仮に執行裁判所がこれを認めないとなれば，旧和解調書に基づいて

強制執行が開始された場合，債務者としては，請求異議訴訟を提起し，これに伴う執行停止等決定（民執法36条1項）を得て強制執行の一時停止又は執行停止及び既にした執行処分の取消しを求めるほかはないことになります。

　しかし，この場合には，執行停止等の前提として請求異議の訴え提起が必要であることや，執行停止等の決定を求めるために，通常，担保提供を必要とすることなどを考えますと，債務者の負担は決して軽いものとはいえません。

　そうすると，新和解調書には，やはり不執行合意条項を入れておいた方が，より簡便で確実に前の和解調書による強制執行を防ぐことができるといえるものと思います。

　なお，この不執行合意条項は，「○○（特定の債務名義）に基づく強制執行はしない」という文言であり，不作為の給付条項のような表現をしていますが，これは単に慣用的なものであり，その性質は当事者による強制執行の停止を合意したものと理解されます。

第9　和解調書における担保取消同意条項

> 問題9
>
> 　控訴に伴う執行停止のために提供した担保について，控訴審で和解が成立したことから，担保取消しの申立てがあったが，成立した和解調書には，「控訴人が第〇項の金員を支払ったときは，被控訴人は，控訴人に対し，控訴人が東京簡易裁判所令和2年(サ)第〇〇〇〇号強制執行停止決定事件について供託した担保（東京法務局令和2年度金第〇〇〇号）の取消しに同意すること及びその取消決定に対し抗告しないことを記載した書面を送付する。」との条項があったが，このような条項に問題はないか。

■ 解　説

　本設問の条項は，控訴人の金員支払いを先履行とした動産引き渡しの給付条項となっていますが，その動産の中身は，意思表示の書面です。

　被控訴人が完成した意思表示の書面を所持していて，これを引き渡す義務を前提にしているだけであれば，これでも構わないのかもしれませんが，通常は何ら書面が存在していないでしょうから，まず義務者である被控訴人に書面上の意思表示をさせる必要があるところ，この給付条項ではそれができません。

　また，このような条項では，同意書の送付が履行されなかった場合，当該書面（前述したように，それが存在していることがそもそもの前提ですが）の引渡しの強制執行又は間接強制（民執法173条）によって当該書面を入手しないと担保取消しの申立てができない上，書面の現存性を含め，こうした強制執行は全くもって迂遠であり，どの程度

実効性があるかも疑問です。

　この条項で同意の意思表示を擬制することができないのは明らかですから，そうすると，せっかく反対給付である金員の支払をしたのに，担保取消しができないという事態が生じかねません。訴訟上の和解の中で，このように控訴人らに不安定な地位を生じさせることは相当とはいえません。

　この場合，被控訴人の意思表示の擬制ができるようにするためには，

　　　第○　控訴人が第○項の金員を支払ったときは，被控訴人は，控訴人に対し，控訴人が東京簡易裁判所平成○○年（サ）第○○○○号強制執行停止決定申立事件について供託した担保（東京法務局平成○○年度金第○○○○号）の取消しに同意する。

　　　第○　被控訴人は，被控訴人が前項の取消に同意したことを原因として発令された前項の担保の取消決定に対する抗告権を放棄する。

などとすべきではないかと思います。

　上記の条項ならば，反対給付である金員の支払をしたら，相手方の対応を待つまでもなく，先履行である金員支払の事実を証明して和解調書に，条件成就執行文の付与を受け（民執法174条1項ただし書），担保取消しの申立てをすることができるので，何ら不安定な事態を生じるおそれはありません。

　そうは言っても，約束どおり相手方から同意書がもらえれば，担保取消し申立てに際して，反対給付の事実を証明して和解調書に執行文の付与を受ける必要もないし，調書を提出する必要もないのですから，相当程度に手間が省けるメリットがあるのも事実です。このようなメ

リットを取り入れるためには，例えば，上記の条項のあとに「この場合において，被控訴人は，控訴人に対し上記同意及び不抗告の旨を記載した書面を送付するものとする。」などと加えることも考えられるのではないでしょうか。

　この場合でも，条項の性質から，「送付する」として給付条項のような形にするのは好ましくないでしょう。

第10　不動産の固定資産税の負担条項

問題10

　申立人Xは，相手方Yに対し，令和3年3月1日に，甲不動産を売り渡し，同日，売買を原因とする所有権移転登記をする内容で，令和3年1月20日に，訴え提起前の和解を申し立てた。
1　この場合，課税庁は，甲不動産の固定資産税（都市計画税を含む。以下，単に「固定資産税」という。）を誰に賦課するのか。
2　X，Yの固定資産税の負担割合は，どのように考えるべきか。

回　答

1　課税庁は，固定資産税をXに賦課します。
2　実質上の所有者がその所有期間に応じて日割りをもって負担するのが基本的な考え方です。

解　説

1　不動産の固定資産税の賦課

　不動産の固定資産税は，当該年度の初日の属する年の1月1日現在において，その対象不動産の登記名義人に賦課されます（地方税法343条2項，359条）。したがって，年度の途中で，XからYに甲不動産の所有権移転登記がなされても，課税庁は，当該年度の固定資産税をXに賦課します。

2　X，Y間の固定資産税の負担割合

　前述したように，固定資産税は，課税庁との関係では，納税義務者は，賦課決定がなされた時点の登記名義人であるXです。

　しかし，これは，課税庁側の画一的な賦課徴収といった徴税技術の便宜のために定められたものに過ぎないのであり，私人相互間に

おいては，特別の合意のない限り，実質上の所有者がその所有期間に応じて日割りをもって固定資産税を負担するべきであると考えられます（土地売買をしながら登記名義の変更をしていなかった事案について，東京高判昭41.7.28）。

訴え提起前の和解においても，同様に考えられるところ，固定資産税の負担割合について何らの合意もなければ，やはり，外形上の課税リスクは，全額Xが負担することとなるおそれもあり，これが紛争の種となっては，何のための和解か分からなくなってしまいます。

当然のことながら，売買当事者間においては，課税額の内部負担割合は，自由に決めることができるので，仮に，Xが全額負担するという合意であっても，その旨の条項を明らかにしておくべきですし，基本的な負担割合を明示するのであれば，その合意内容をしっかりと示しておくべきです。

その負担割合については，①全額をX又はYとする場合，②代金完済を基準として負担割合を定める場合，③それぞれの負担確定金額を示す場合などが考えられます。

それぞれについて，以下に，条項の記載例を示します。

① 令和３年度の固定資産税の全額をX又はYとする場合

> 本件不動産に係る令和３年度分の固定資産税は，X（Y）の負担とする。

② 代金完済日を基準とした場合

> 　本件不動産に係る令和3年度分の固定資産税は，Yの第
> ○項の代金完済日の前日まではXの負担とし，代金完済日
> 以降はYの負担とする。

③　それぞれの負担確定金額を示す場合

> 　本件不動産に係る令和3年度分の固定資産税○○万○○
> ○○円について，○○万○○○○円をXの負担とし，その
> 余をYの負担とする。

　なお，③の場合，確定金額なので，負担割合を示す条項以外に，給付条項を設けることもできます。

　しかし，①及び②の場合，固定資産税の納税通知書は，毎年4月から6月に発送されますが，本設問の事実関係からすると，納税通知書が発送される前に和解が成立する見込みであり，納税通知書記載の固定資産税の金額を確定できませんので，給付条項を設けることはできません。

　3年に一度，固定資産の評価替えがありますが，近隣の開発等による急騰など特別な事情がない限り（この場合も，税負担の急激な上昇を抑制する一定の負担調整措置があります。），前年度の固定資産税額と大きく変わることはあまりありません。

　ですから，前年度の固定資産税額を参考にして，負担割合からみて実際の課税額との多少の差が出ることを承知して確定額で負担条項を設けた上で，給付条項を加えるという方法がより確実で安心できるという考え方はあるとは思います。

第11　和解費用負担条項

問題11

　申立人Xが，Xの夫と不倫関係にあった相手方女性Yに対し，慰謝料を請求する事件について，Xから受任した代理人弁護士Aは，Yとの交渉の結果，YがXに対し慰謝料として200万円を支払うことでYと合意したことから，訴え提起前の和解を申し立てることとし，その申立てに係る和解条項案を起案した。

1　和解費用負担条項について「和解費用は，相手方の負担とする。」とした。この条項にはどのような意味があるか。

2　「和解費用は，申立人の負担とする。」とするのは，どのような場合か。

回　答

1　裁判所書記官による和解費用確定処分（民訴法72条）を経れば債務名義となります（民執法22条4項の2）。

2　利害関係の薄い相手方に費用負担をさせないという趣旨を和解条項中に明確に盛り込むことが，和解のための説得材料の一つになる場合に使われることがあります。

解　説

1　和解費用条項

　訴え提起前の和解は，訴訟に移行（民訴法275条2項）しない限り，訴訟費用が発生することはありませんので，費用負担条項は，和解費用のみとなります。

　和解費用には，和解期日に出頭するための当事者又は訴訟代理人の旅費・日当・宿泊料（民訴費用法2条4号，5号），訴え提起前

の和解の申立手数料（民訴費用法２条１項，３条，別表第１の９）
などがあります。

　この和解費用について何ら定めをしていない場合は，和解費用は
各自の負担となりますが（民訴法68条），その趣旨は，和解手続に
おいて，申立人なり，相手方なりが，それぞれ支出した費用は，そ
れぞれが負担したものとして，お互いに償還請求し合わないという
ことになります。

　通常，訴え提起前の和解の費用負担条項については，「和解費用は，
各自の負担とする。」とすることが多いようですが，これは，民訴
法68条によって訴訟費用が各自の負担となるところを明らかにした
任意条項と解されており，特別な効力があるわけではありません。

２　和解費用条項が効力条項（債務名義）になる場合

　しかし，本設問のように，「和解費用は，相手方の負担とする。」
とか，「和解費用は10分し，その４を申立人が負担し，その余を相
手方の負担とする。」などとした場合，単なる任意条項ではなく，
裁判所書記官の和解費用額確定処分（民訴法72条）を経て債務名義
となり（民執法22条４号の２），強制執行ができるようになります。

　代理人Ａとしては，申立人Ｘの意思を最大限に尊重することにな
るでしょうし，申立人Ｘが，相手方Ｙを許せないとして，和解費用
も含めて１円でも多くとらないと気が済まないということであれ
ば，和解費用について相手方負担とする条項はやむを得ません。

　しかしながら，そもそも訴え提起前の和解の申立手数料は2000円
であり，原則として出頭回数も１回で済む手続であることからする
と，和解費用を被告の負担とするとしてもあまり実のあるものとは
思われないこと，和解費用のほかのＸの本件に関する実際の経済的

負担は，慰謝料において織り込み済みとの理解もできること，和解成立の前提として，XとYの間に互譲があることなどからして，和解費用については，各自負担とするのが妥当な場合も少なくありません。

　結局，和解費用については，単に，本件についての相手方の責任の度合いの重さなどから，直ちに，全額相手方負担に結び付けるのではなく，上記諸事情も勘案の上，負担割合の合理性・妥当性について検討した方がより良い負担条項になるのではないかと思います。

3 「和解費用は，申立人の負担とする」場合

　例えば，古い抵当権や仮差押えの登記を抹消してもらうために，債権者の相続人等を捜し出して，登記抹消のための意思表示擬制のための和解を成立させる場合，相手方らの多くは，先代又は先々代が債権者であったであろう権利については無関心であることが多いものです。そうした相手方らに和解の手続に載ってもらうための説得材料の一部として，和解費用負担条項について「和解費用は申立人の負担とする。」というのは，「相手方の負担とする」との条項と違い，和解成立のために考えられる一つの良い方法ではないかと思います。

　なお，同じようなケースで，古い抵当権の抹消登記請求訴訟などにおいて，抵当権者の相続人らを被告として欠席裁判で勝訴判決を得るに当たり，訴状に「訴訟費用は原告の負担とする。との判決を求める。」との記載を見ることがあります。これに関しては，敗訴者負担（民訴法61条）の原則に反しているのではないかとの考え方もありますが，原告承知済みで，判決正本の送達を受けた事実上利

　害関係の薄い被告らに対し余計な混乱を招かせない配慮という意味
では，実務的に許容しても良いのではないかと思います。

第4編　意思表示の公示送達・公示催告・強制執行停止

第4編　意思表示の公示送達・
公示催告・強制執行停止

　本編では，意思表示の公示送達，公示催告，控訴に伴う強制執行停止の諸問題について扱います。

　意思表示の公示送達は，表意者が意思表示の相手方を知ることができず，又はその所在を知ることができないときに，一定期間，一定の公示方法をとることにより，その意思表示が相手方に送達されたものと擬制される制度です（民法98条等）。古い抵当権の登記を抹消したいけれどもその抵当権者の所在を知ることができないときなどに，その抵当権者に対し，被担保債権の消滅時効を援用するのに利用したりしますが，近年の高齢化社会，核家族化などの影響もあり，相続した先代の土地を処分しようとしたが担保権が設定されていたなどということも少なくなく，こうした場合，様々な理論上，実務上の問題をはらんでいることがあります。

　公示催告は，一般の公示催告，有価証券を無効にするための公示催告に分けられます（非訟事件手続法99条から113条）。最近では，電子決済など決済の多様化が進んだことから，特に，手形小切手の流通量は激減したと言われていますが，今もなお，中小の製造業等を中心とした企業などでは，相当数の手形小切手が決済に利用されており，過って紛失した，あるいはシュレッダーにかけて粉砕してしまったようだということを理由とした申立てが，まだまだ後を絶ちません。こうした申立てにも，有価証券法理をはじめとする様々な理論上又は実務上の問題が潜んでいることがあります。

　控訴に伴う強制執行停止は，仮執行宣言付き判決について控訴があ

る場合に比較的多く申立てられていますが，申立て要件として，いわゆる取消要件や損害要件といった実質的な要件だけでなく，一見控訴期間を徒過した控訴に伴う申立てのような事案，立担保の方法等の様々な問題があります。

　本編においては，これらの制度についても，他の編と同様に，その制度の基本事項を確認するなどした上で，実際にあった事例をモデルに，実務的な解決策などについて解説していきたいと思います。

第1　意思表示の公示送達の制度

問題1

　意思表示の公示送達とは，どのような制度か。

　その手続は，いかなる法令に準拠しているか。

■ 解　説

1　意思表示の公示送達の制度

(1)　意思表示の公示送達の種類

　　意思表示の公示送達には，民法98条によるものと，民訴法113条によるものの2種類があります。

(2)　民法上の意思表示の公示送達

　　民法上の意思表示の公示送達は，表意者が，意思表示の相手方を知ることができず又は相手方の所在を知ることができないときに，一定期間，当該意思表示に係る書面を保管し，いつでも相手方に交付すべき旨を裁判所の掲示場に掲示するなどの方法による公示の手続によって，その意思表示が相手方に到達したと擬制して，意思表示の効力を発生させる制度です。

(3)　民訴法上の意思表示の公示送達

　　民訴法上の意思表示の公示送達は，訴訟の当事者が相手方の所在を知ることができないときに，公示送達によって送達される書類（訴状，準備書面等）の中にその相手方に対しその訴訟の目的である請求又は防御に関する私法上の意思表示が含まれている場合に，民法上の意思表示の公示送達と同様の方法（但し，裁判所の掲示場への掲示のみ）によって，その意思表示の相手方への到達を擬制する制度です。

(4) 両制度の異同

　いずれも，公示による意思表示の到達擬制という点では，法律上の効果に変わりはありません。

　しかし，民訴法上の意思表示の公示送達は，訴訟の当事者が相手方の所在を知ることができない場合にのみ可能であり，相手方への到達の効果が擬制される意思表示も，訴訟の目的である請求又は防御の方法に関するものに限定されています。

　他方で，民法上の意思表示の公示送達は，訴訟の係属を必要としていませんので，単に所在不明の相手方に対して消滅時効の意思表示を援用したいなどの場合には，この手続によることになります。

　本章の意思表示の公示送達についての設問や解説は，全て民法上の意思表示の公示送達に関するものです。

2　民法上の意思表示の公示送達の手続

　その手続は，民訴法によるべきとする説と，非訟法（民法98条2項で民訴法によるものとされている公示方法以外の手続）によるべきとするとする説がありますが，その法的性質が争訟性のない非訟事件であることから，判例通説は，非訟法によるべきとしています（最判昭37.4.26）。

第２　意思表示の公示送達の申立て

> 問題２
> 　意思表示の公示送達の申立ては，どのようにすべきか。

解　説

　意思表示の公示送達の申立ては，後記１の管轄の簡易裁判所に，後記２の記載要件を明示した申立書を提出する方法によらなければなりません（非訟法43条１項）。

1　管轄簡易裁判所（民法98条４項）

　(1)　意思表示の相手方が誰であるか知り得ない場合

　　　表意者の住所を管轄する簡易裁判所

　(2)　意思表示の相手方の所在を知り得ない場合

　　　相手方の最後の住所地を管轄する簡易裁判所

　(3)　法人の本店，支店が封鎖され，その代表者の所在も不明である場合

　　　当該法人の最後の住所地である本店所在地を管轄する簡易裁判所

　　　なお，契約書中に「本件に関して訴えの提起をする場合の管轄裁判所は，Ａ簡易裁判所とする。」といった管轄の合意のある場合に，Ａ簡易裁判所を合意管轄裁判所として申立てができるかが問題となりますが，このような契約書中でいう管轄の合意は，訴訟についての管轄の合意であり，民法上の手続である意思表示の公示送達の手続の管轄には合意の効力は及ばないと考えられます。

2　申立書の記載要件

⑴　①当事者及び代理人の氏名・住所，②事件の表示，③年月日，④裁判所の表示，⑤申立ての趣旨及び理由の表示，⑥附属書類

⑵　申立ての趣旨には，申立人から相手方に対する意思表示（別紙として写し添付）を公示送達の方法により送達されたい旨を記載します。

⑶　申立ての理由には，相手方を知ることができないか又は相手方の所在を知ることができない具体的事実及び意思表示をすることが必要であることを記載します。

⑷　附属書類としては，前記⑵の意思表示を記載した書面の写し，申立人が法人である場合に登記事項証明書等を添付するほか，例えば次の書類等を提出します。

①　相手方を知ることができないとき

　相続人不明の場合，判明している相続人の戸籍謄本，調査報告書

②　相手方の所在を知ることができないとき

　相手方住所地に宛てて出した内容証明郵便等が転居先不明，宛所に尋ねあたらずで届かなかったことの記載のある返戻郵便，相手方の住民票・戸籍の附票，相手方が法人である場合には商業登記事項証明書等，不在住証明書，相手方の居住関係を知っている者（近隣住民・賃貸住宅の賃貸人等）からの聞き取り，居住の状況等を記載した調査報告書，勤務先の調査報告書，相手方住居の郵便受け・表札等の写真等

　なお，相手方が，本籍地に居住したことが窺える場合などの特別な事情がある場合には，相手方の本籍地についての不在調査の報告書を添付するなどします。

第3　意思表示の公示送達の効果

> 問題3
>
> 　意思表示の公示送達の効果とは，どのようなものか。

▍解　説

　意思表示の公示送達は，最後に官報に掲載した日又はその掲載に代わる市区町村役場の掲示場での掲示を始めた日から2週間を経過した日に効力が発生し，相手方に，申立てに係る意思表示が到達したものとみなされます（民法98条3項）。

　現在の公示方法の実務としては，官報への掲載に代え市区町村役場の掲示場に掲示していますので，この実務の扱いによると，市区町村役場の掲示場に掲示をした日の翌日から起算して2週間を経過した日が，当該意思表示の到達日となります。

　この当該意思表示が到達したとみなされる効力発生日が到来すると，書記官は送達報告書を作成し，同日以降，申立人において当該意思表示の到達証明の申請をし，その証明書の交付を受けることになります。

　ただし，申立人が，相手方を知らないこと又は相手方の所在を知らないことにつき過失があった場合には，意思表示は到達の効力を生じません（民法98条3項ただし書）。当然のことですが，申立人に故意があった場合も意思表示の効力が生じないことは前同様です。

　この故意又は過失の主張・立証責任は到達の効力が生じないことを主張する相手方にあるとされています（最判昭37.4.26）。

　なお，意思表示の公示送達によった結果，公示の手続による意思表示自体の瑕疵を争う余地がなくなったとしても，そのことから直ちに

意思表示の到達による効果としての権利義務の変動までもが確定されるわけではありません。

第４　意思表示の相手方と立証の程度

> 問題４
>
> 　平成10年４月頃，Ａを賃貸人，Ｂを賃借人として，Ｂ名義の建物所有（以下「本件建物」という。）を目的とする土地賃貸借契約（以下，後のＡＣ間の更新契約も含めて「本件契約」という。）が締結された。
>
> 　その10年後の平成20年４月頃，かねてよりＢと親子らしく振舞いＢと同居していたＣが，Ｂの死亡により本件建物を相続したと称してきたため，ＡはＣとの間で本件契約を更新した。なお，この更新の際，ＣがＢと親子関係にあること，ＣがＢを相続したことなどについては，Ｃの言い分のみで，何らの確認もなされていなかった。
>
> 　その後，平成28年12月を最後に，Ｃも所在不明となり，それ以降，本件契約に係る地代は未納となっている上，本件建物にはＣと賃貸借契約を締結したとするＤが居住していることなどから，Ａは，まずは本件契約を解除しようとしてＢ及びＣの戸籍や住民票を交付申請するなどの所要の調査を尽くしたが，その所在も生死も不明である。
>
> 　上記のような状況にあるため，Ａは，本件契約を解除するのに，民法上の意思表示の公示送達（民法98条）を利用したいと考えているが，契約解除の意思表示の相手方は，誰にすべきか。

回　答

　契約解除の相手方が誰であるかが判明しないので，民法98条１項にいう「表意者が相手方を知ることができないとき」に当たります。

したがって，相手方不明の理由により，意思表示の公示送達の申立てができます。

■解　説

1　相手方を誰とすべきか。

　本件契約上では賃借人としてBやCの名前が出ており，以前のCの話によれば，Bが死亡したことによりCが相続人として本件建物を相続したことになっています。しかし，B及びCのいずれの戸籍も住民票もとることができていませんので，Bについては生死が不明です。そうするとBについての相続開始も不明となり，仮に相続が開始されていたとしても，Cが真実の相続人なのか，Cが相続人であったとしてそのほかに相続人はいないのか，さらに言えばCの生死も不明であり，その相続開始の有無も分からないということになります。

　ですから，本件契約書上などに記載されている者としてBやCが判明しているとしても，その生死も不明であり，仮にいずれも死亡していたとしても，潜在的には，他の相続人等がいる可能性もあります。

　そうすると，相手方を特定して，所在不明を理由に意思表示の公示送達をしたとしても，相手方についていわゆる漏れが生じるおそれがあるということになります。

　したがって，本設問のような場合は，民法98条1項にいう「表意者が相手方を知ることができないとき」に当たりますので，相手方不明により，意思表示の公示送達の申立てができます。

2　立証の程度とその資料

　相手方が不明であること又は相手方の所在が不明であること（以

下併せて「不明事実」という。）について，裁判所に一応確からしいとの心証を得させる疎明で足りるのか，それとも確信の心証を得させる証明まで必要なのか，その立証の程度が問題になります。

これに関しては，民法上の意思表示の公示送達の場合，不明事実について表意者に故意・過失がある場合などに意思表示の到達擬制を争うことができるので（民法98条3項ただし書），申立人による不明事実の立証の程度は疎明で足りるとも考えられますが，表意者の故意・過失の立証責任は，これを争う相手方にあるとされていることからしても，不明事実については証明まで要すると考えられています。

不明事実の証明の程度は，申立人において，一般的に考えられる手を相当に尽くして調査してもなお不明である程度といわれています。

3　本設問の場合の具体的な調査及びこれに基づく証拠資料

本設問においては，以下の具体的な調査が考えられます。

まず，本件契約書等に記載されたBやCの氏名や住所を基に住民票や戸籍を市町村役場から取り寄せる交付申請等の手続を行うことです。この結果，役場から，これらが存在しないとの回答なりがあった場合は，その回答書を証拠資料とします。

また，BやCが以前所在していたであろう住居等が判明していれば，同所に赴くなどして，それらの近隣居住者等への聴取を行い，その所在等を調査報告書や現場写真撮影報告書（以前の居住家屋の表札が相手方と異なる表示になっていることなどを示すものとして）を作成します。以前のBやCの職場等が判明していればそれら関係者に対する聴取などの調査も考えられるところであり，それら

の調査を尽くした上で，それぞれ調査報告書にまとめるなどして証拠資料とします。

Dは，Cと契約したとしていますので，Cの所在等について何らかの情報を持っている可能性があり，Dへの聴取も考えられるところです。

また，本件契約は，建物所有目的の土地賃貸借契約ですから，建物の登記関係書類やこれに関する課税関係書類も何らかの資料になる可能性はあります。

これらの調査を尽くしたところで不明事実の証明がなされたということができるレベルになるものと思われます。

4 本設問のその後の対応

上記調査を尽くし，相手方不明により意思表示の公示送達の申立てをして，公示送達許可決定が出ると，公示送達に関する書面が裁判所の掲示場に掲示されるなどし，掲示を始めた日から2週間で本件契約解除の意思表示が相手方に到達したものと擬制されます（民法98条3項本文）。

これにより，以前の契約者であったB，Cのみならず，それらの相続人らとの関係でも本件契約は解除されたことになります。

そうすると，Cから本件建物を賃借したなどと主張するDに対し保全処分を申立てる上でも，懸念材料はなくなります。

こうして，B，Cに対しては，土地賃貸借契約解除に基づき建物収去土地明渡請求の，Dに対しては，不法占有による建物退去土地明渡請求の本案訴訟を一挙に提起していくことになります。

第5　休眠中の閉鎖型会社に対する譲渡制限株式の譲渡承認擬制

問題5

　某大手ＩＴ企業Ａ社は，イノベーション分野におけるビジネス強化に向け，コーポレートベンチャーファンド（以下「旧ファンド」という。）を設立し，国内外のベンチャー企業に投資をして協業を進めていたが，戦略企画当初の見込みほどに成果を上げることができなかったため，一旦，旧ファンドを整理し，新ファンドを設立することとなり，順次，旧ファンドの投資先会社の株式を他に譲渡するなどしていたところ，最後に1社だけ，休眠中の株式について譲渡制限をする閉鎖型会社であるＢ社が残った。

　なお，Ｂ社は，8年ほど前から商業登記上の本店所在地から移転し，その後の所在は不明であり，事実上，長期間企業活動をしていないものであったが，会社法472条1項にいう会社法上のいわゆる休眠会社ではない。

　Ｂ社株式の譲渡先については，既に，かねてよりＡ社の取引先であるＣ社の内諾を得ているが，Ａ社として，どのような対応が考えられるか。

回　答

以下の2つの方法が考えられます。

1　Ｂ社の譲渡承認をとることなく，Ａ社からＣ社に譲渡する。

2　意思表示の公示送達により，Ｂ社に対し，株式の譲渡承認についての請求をする。

■ 解　説

1　回答1の方法について

　会社の承認のない譲渡制限株式の譲渡の効力については，譲渡当事者間においても効力がないとする絶対説と，会社に対する関係では効力を生じないものの譲渡当事者間では有効であるとする相対説がありますが，判例は相対説を採っています（最判昭48.6.15）。

　本設問では，Ｂ社は，本店所在地さえ不明な実質的な企業活動をしていない会社ですから，同社の株式の譲渡は当事者間の効力が認められさえすれば，Ｂ社がその譲渡の効力について異議を述べることはおよそ考えられません。ですから，Ｂ社の譲渡承認を受けることなく，Ａ社からＣ社に株式を譲渡することは可能であると思われます。

　ただし，この場合，いかにＢ社が休眠会社で事実上も何らかの異議を申し立てるなどすることができないとしても，譲渡承認を経ていないことは事実ですし，そこに懸念を残したままとなってしまいます。

2　回答2の方法について

　譲渡制限株式を他人に譲渡しようとする株主は，譲り渡そうとする譲渡制限株式の種類・数，譲受人の氏名等の所定の事項を明らかにして，会社に譲渡承認請求をすることができます（会社法136条）。そして，会社はその譲渡承認の可否について請求者に通知をしなければなりません（会社法139条）。この譲渡承認請求の日から2週間（これより短い期間を定款で定めた場合は，その期間）以内に，その譲渡承認の可否について譲渡承認請求者である株主に通知をしないときは，原則としてその譲渡の承認が擬制されます（会社法145

条1号）。

　この承認請求は，意思表示ではなく，いわゆる意思の通知などに
分類されるものと思われますが，仮に意思表示ではなくても，相手
方に対する到達によって効力を生じさせる必要がある場合には，民
法98条の規定を準用又は類推適用することが相当であると解されま
す（観念の通知である債権譲渡の債務者への通知についての同旨裁
判例として，東京地判平16.8.24）。

　本設問では，休眠会社であるＢ社の登記上の本店所在地には既に
同社の事務所等はなく，その所在が不明であるわけですから，その
本店所在地の最後の住所地を管轄する簡易裁判所に意思表示の公示
送達の申立てをして，その許可決定がなされれば，所定の公示を開
始した日の翌日から起算して2週間を経過した日に，制限株式の譲
渡承認請求が相手方であるＢ社に到達したものと擬制されます（民
法98条3項）。そして，その請求の到達後2週間以内に，Ｂ社から
譲渡承認請求に対して承認の可否についての通知がなければ，譲渡
承認が擬制されることになります。

　この方法は，上記1の方法と比較してやや迂遠ではありますが，
譲渡承認が擬制され，その後の株主名簿の書換請求権に関しても問
題なく行使できます。

　Ｂ社は実体のない休眠会社ですから，事実上考え難いところです
が，仮に，何等かの事情によりＢ社による名義書き換えについての
不当拒絶等があったとしても，上記手続きさえ踏んでおけば，名義
書換請求権者は，Ｂ社に対し損害賠償請求ができるのみならず，名
義書換なしで株主であることを主張できますし（最高裁判昭41.7.
28)，必要があれば，Ｂ社を債務者として，仮に株主の地位を定め

る仮処分（民保法23条2項）を求めることも可能となります。

第6　公示催告の制度

> 問題6
>
> 　公示催告とは，どのような制度か。

■ 解　説

1　公示催告の種類

　公示催告には，一般の公示催告と，有価証券の無効宣言のための公示催告があります（なお，この他に，民法30条に定める不在者生死不明の場合の失踪宣告を目的とする公示催告がありますが，こちらは家庭裁判所において扱う事件ですので本書では扱いません。）。

2　一般の公示催告

　一般の公示催告とは，例えば，登記した権利が消滅しているのに，登記の抹消に協力すべき義務者である登記の名義人（以下，単に「登記義務者」という。）が所在不明である場合に，抹消登記をしようとする権利者（以下，単に「登記権利者」という。）が，裁判所に申し立てて決定を得た上で，その所在不明の登記義務者に対して，一定期間内に権利を届け出るよう催告する旨を裁判所の掲示板に掲示するなどの方法により公告し，最終的に，裁判所の除権決定により，登記義務者の権利を失権させ，登記権利者が，その除権決定正本をもって，登記義務者の登記を単独申請で抹消するといった必要がある場合に利用される手続であり，非訟事件手続法99条から113条において定められています。

　この手続により，相手が所在不明の登記義務者であっても，登記権利者の権利が適法に実現されるわけです。

3　有価証券の無効宣言のための公示催告

有価証券の無効宣言のための公示催告とは，証券の交付又は裏書によって当然に権利が移転する約束手形などの指図証券等が，盗難，紛失又は滅失した場合に，一定期間内に権利を争う旨を届け出るよう催告する旨を官報に掲載する方法により公告し，最終的に，裁判所の除権決定により，その有価証券の無効を宣言してもらう必要がある場合に利用され，その手続は，非訟事件手続法114条から118条において定められています。

　有価証券の所持人は，多くの場合，有価証券上の権利を行使する形式的資格を有しており，当該権利の権利者と法律上推定されます（手形法16条など）。しかし，有価証券の所持人は，一旦有価証券を喪失するとそのままでは権利行使が極めて困難になり，また，第三者による善意取得の危険にもさらされます。有価証券の無効宣言のための公示催告の制度は，このような有価証券の所持人を保護するために，除権決定により申立てに係る有価証券を無効とする，つまり，証券と証券に表章された権利を分離させるとともに，申立人に義務者との関係で有価証券上の権利を行使する形式的資格を回復させる手続なのです。

第7　一般の公示催告　所有権移転請求権仮登記の抹消

問題7

　昭和30年に登記された所有権移転請求権仮登記を抹消するため，まず，登記原因である売買予約に基づく予約完結権について意思表示の公示送達の方法で消滅時効の援用の意思表示をした上で，不動産登記法70条に基づく公示催告の申立てがあったが，そもそも，上記仮登記の登記原因は「売買」であり「売買予約」ではなかった。

　仮に登記原因が「売買」であったとすると，意思表示の公示送達によって時効消滅させた予約完結権自体が存在していなかったということになるが，このように公示催告に先行する意思表示の公示送達の効力自体に疑義がある場合，いかにすべきか。

▌解　説

1　仮登記と登記原因

　仮登記は，「所有権移転仮登記（不登法105条1号に定めがあることから，いわゆる「1号仮登記」といいます。）」の場合は，実体法上，所有権は移転しているにもかかわらず本登記ができないため，本登記のための順位を保全するためになされる仮登記であり，その所有権移転が売買によるものであれば，その登記原因は「売買」となります。

　他方で，「所有権移転請求権仮登記（1号仮登記と同様に，不登法105条2号に定めがあることから，いわゆる「2号仮登記」といいます。）」は，実体法上の所有権移転はまだないものの，今後発生するであろう所有権移転の請求権を保全しようとする仮登記なの

で, 通常, 登記原因は「売買」とはならず,「売買予約」などとなります。

2　本設問の意思表示の公示送達の問題点

　　申立人は, 登記名（登記の目的）が「所有権移転請求権仮登記」であることから, 登記簿上の登記原因が「売買」であったにもかかわらず, 正しい登記原因は「売買予約」であろうと推測し, これを前提として, その予約完結権について意思表示の公示送達の方法で消滅時効の援用の意思表示をしたのですが, 登記実務上, 登記原因が「売買」であるところの「所有権移転請求権仮登記」がされることも全くないとはいえないし, 登記原因ではなく登記名（登記の目的）が誤っていたかもしれませんから, 上記のような前提がそもそも成り立ちうるのか疑問が残ります。仮に, 上記の仮登記の当時, 売買により, 実体上, 所有権が仮登記権利者に移転していたとすると, 登記原因たる権利の時効消滅を考えることはできないことになります。

　　そうはいっても, 本件申請時から約65年も前の登記ですから, 真実の登記原因を確認できるような書類が残っている可能性は低いものと思われます（不動産の権利に関する登記の申請書に添付した書類の保存期間は, 旧法時において10年（旧不登法施行細則37条の３）, 新不登法（平成17年施行）のもとでの不登規則28条10号では30年。）。

　　そうすると, 表示された登記原因が正しいか誤っているかを判断するための資料がなく, いずれとも判断し難いことになります。

3　法務局による更正登記の可否等

　　本件仮登記の原因は「売買予約」ではないかもしれないという疑義を残さないために, 登記原因「売買」を「売買予約」に更正登記

できないかどうか登記官に照会したところ，当時の閉鎖登記簿を確認し，問題の所有権移転請求権仮登記は，裁判所の仮登記仮処分に基づくものであること，及び，当時から，登記の目的は「所有権移転請求権仮登記」であり登記原因は，「売買」となっていたことが判明しました。

　すなわち，登記原因「売買」の記載は，登記簿の移記やコンピュータ化に伴う誤りではないことが確認でき，結局，法務局では，現在「売買」となっている本件の登記原因を，職権で「売買予約」に更正することはできないとのことでした。

4　最終的な対応

　現実問題としては，①本件仮登記は本件申請時から65年前になされたものであり，本件仮登記の抹消によって不利益を被る者が現存することは極めて考えにくいこと，②今後の本件不動産の処分に際し，同仮登記の存在が支障になる可能性は十分にあること，③本件公示催告手続は直ちに同仮登記の抹消を決定するものではなく，権利者の届出を催告し，その上で除権決定するものであることなどからして，あえて申立人の上記推測を否定して，手続を振出（意思表示の公示送達以前）に戻すことは適当ではないと考えられたことに加え，申立人が登記官に照会したところによると，裁判所の除権決定さえあれば，それに基づいて上記仮登記を抹消することができるとのことであったことから，公示催告手続開始決定をし，除権決定の判断となりました。

第8 有価証券無効宣言公示催告

問題8

　平成29年6月2日法律第44号による改正民法（令和2年4月1日施行，以下「改正民法」と，それ以前の民法を「旧民法」とそれぞれいう。）により，有価証券の無効宣言のための公示催告の対象となる有価証券の規律は，どのように変わったか。

解　説

1　公示催告の対象となる有価証券の旧民法と改正民法の定め方の違い

　旧民法は，指図債権（旧民法469条，470条，472条），記名式所持人払式債権（旧民法471条）及び無記名債権（旧民法473条，86条3項）の規定をおいていました。

　これらは，債権の発生・行使・譲渡に証券を必要としない指名債権に対し，証券的債権といわれ，債権と証券が結合したものであり，債権の行使及び譲渡のいずれにも証券を要するものとされていました。

　そして，民法施行法57条が「指図証券，無記名証券及び民法（旧民法）471条に掲げた証券（記名式所持人払式証券）について非訟事件手続法の定めるところにより公示催告によって無効にできる旨定めていたことから，この定めが，これらの旧民法上の有価証券であった債権的証券の公示催告の対象の根拠であるとされていました。

　改正民法においても，概ね旧民法と同じ考え方で分類されているものの，上記証券的債権の有価証券性を踏まえて，民法においても

有価証券として定めを整備する必要があるということで，旧民法の指図債権等に関する469条ないし473条，86条３項が削除されました。

そして，改正民法では，これに代わる定めとして，第７節有価証券を新設した上，指図債権を指図証券（改正民法520条ないし同条の12），記名式所持人払式債権を記名式所持人払式証券（同条の13ないし18），無記名債権を無記名証券（同条の20）という用語にそれぞれ改めるとともに，その他の記名証券（同条の19）の定めを設けました。

また，改正民法においては，指図証券等が，非訟事件手続法の公示催告の対象となる有価証券であることは，改正民法520条の11等の中で定められたため，これに伴い旧民法下の民法施行法57条は削除されました。

2　公示催告の対象となる有価証券

無効宣言を目的とする公示催告で，実務上，頻繁にみられるものには，以下のようなものがあります。

(1)　指図証券

指図証券とは，証券上に指定された特定の者又はその者が証券上に記載して指定した（指図した（その方式は裏書））した者が権利者である有価証券です。有価証券は，その多くが法律上当然の指図証券であり，無効宣言を目的とする公示催告で，実務上，頻繁にみられるものには，以下のようなものがあります。

①　約束手形（手形法77条１項１号），為替手形（手形法11条１項）

手形とは，一定の金額の支払いを目的とする有価証券であり，振出人が支払人に対し，受取人又はその指図人に一定の金額を支払うように委託する為替手形と，振出人が受取人又はその指

図人に対して一定の金額の支払いを約束する約束手形があります。

　振出人が署名した後交付する前の手形，白地手形（有効に作成されて証券上に白地補充を停止条件とする権利が表章されているもの），引受前の為替手形，受け戻した手形（手形法49条，77条1項4号）なども公示催告の対象となります。

② 　記名式又は指図式小切手（小切手法5条1項1号，14条1項）
　小切手とは，振出人が支払人である銀行に宛てて一定の金額の支払いを委託する一覧払いの有価証券です。

(2)　無記名証券

　無記名証券とは，特定の受取人の記載を欠き，所持人が権利者と認められる有価証券であり，主なものとしては，無記名式（持参人払式）小切手（小切手法5条1項3号，3項），社債（会社法696条，699条），公庫，金庫等の特殊法人が特別法に基づき無記名式で発行する債券及びそれらの付属証券として，商工債券(株式会社商工組合中央金庫法33条，36条)，農林債券（農林中央金庫法60条，61条）などがあります。

第9　公示催告における有価証券の特定

> 問題9
>
> 　甲会社（本店所在地：東京都千代田区○○町1番1号，代表取締役A）は，乙会社（代表取締役B）振出に係る約束手形（以下「本件手形」という。）の受取人であるが，Aが甲会社事務室において執務中，誤って他の破棄すべき書類とともに本件手形をシュレッダーで裁断したことから，令和2年6月1日，有価証券無効宣言公示催告の申立てがなされ（以下「本件申立」という。），公示催告の公告を経て，除権決定がなされた。その後，除権決定に基づく官報公告がなされる前に，甲会社から，本件申立に先立つ令和2年5月1日に，本店所在地を東京都千代田区△△町2番2号に移転していた旨の上申書が提出された。
>
> 　この場合，如何に対応すべきか。

▌回　答

考えられる対応策

1　対応策その1

　　申立人に，再度，公示催告の申立てをさせる。

2　対応策その2

　　申立人に，除権決定についての更正決定の申立てをさせる。

▌解　説

上記各対応策についての検討

1　回答1

　　申立人は，本件申立以前から甲会社の本店所在地を変更していたのであり，本来，申立人において申立て時に既に変更していた本来

の本店所在地を申立書に記載して本件申立をなすべきところ，旧本店所在地を甲会社の本店所在地として本件申立をしたのであり，しかも，除権決定を経た後に，上申書でその旨を裁判所に伝えてきました。

　裁判所は，公示催告申立てに必要な書類として，申立人の資格等を証明する書面である商業登記事項証明書等を提出するように要請する書面を示すとともに，その手続教示においても，申立書には申立人の会社名，本店所在地，代表者等について間違いなく記載するように指導しています。

　それにもかかわらず，申立時において旧住所を本店所在地として表記してきたというのは，もっぱら申立人側の責任によるところであり，これによって除権決定の効力に疑義が生じたのであれば，申立人の責任と費用において，再度，公示催告をし直すほかないということになります。

　しかし，いかに申立人の責任であるとはいえ，この方法では手続が二重となる上，実際にあった事例では，代理人のついていない本人申立てによるものでしたので，手続に疎い本人に対して重い負担を課することになります。

2　回答2

　この対応策によれば，申立人に，除権決定についての更正決定の申立てをさせて，除権決定における申立人甲会社の本店所在地を現在のものに変更するということになります（旧住所を併記するということも考えられます。）。

　しかし，そもそも公示催告の段階で申立人の本店所在地が事実と異なっているのですから，先行する公示催告それ自体の効力に問題

はないでしょうか。

　これに関しては，有価証券無効宣言公示催告においては，裁判所の掲示板に掲示して公告するほか，官報に掲示する方法によっているところ，いずれの公示も，申立人の会社名，代表取締役名，本店所在地のほか，本件手形の手形番号，振出人名，振出地等が公示されることから，それらの公示手続において公示される本件手形の特定としては，何ら問題がないものと思われます。

　つまり，被催告者からみて，仮に申立人の本店所在地が事実と異なっても，本件手形を認識し権利の届け出をするには手形の特定としては十分であって，公示催告の効力には問題はないものと考えることができます。

　特に本設問においては，本店所在地の移転といっても同じ東京都千代田区内の町名所番地が異なる程度です。そうであれば，最終所持人の特定についても，少なくとも会社名，代表取締役名に違いがないのですから，この点からも問題ないというべきです。

　そうすると，結局，本件公示催告の効力に何ら問題はないのですから，申立人の旧本店所在地が表示された除権決定について，現在の本店所在地に更正する旨の更正決定の申立てをさせた上，更正決定をして，その除権決定と更正決定を併せて官報に掲載して公告するのがより妥当ということになります。

第10　振り込め詐欺による記名式小切手の公示催告

> **問題10**
>
> 　振り込め詐欺対策の一環として，金融機関において，高齢者等から多額の送金を申し出られた場合に，詐欺による損害を防止するため，送金の手段として記名式預金小切手の利用を勧めることとした場合，記名式小切手であることから，犯人にとっては現金化が困難であるため，被害者からこれを受け取らずに立ち去ることが多いと想定されるが，もし，持ち去られた場合，有価証券の無効宣言のための公示催告の申し立ては認められるか。

■ 回　答

公示催告の申立は認められません。

■ 解　説

　手形・小切手等の一定の有価証券については，その所持人は，有価証券上の権利を行使する形式的資格を有し，当該権利の権利者と法律上推定されます（手形法16条など）。

　しかし，有価証券の所持人は，一旦有価証券を何らかの理由により失うと，そのままでは権利行使が極めて困難になり，また，第三者による善意取得の危険にもさらされることになります。

　そこで，非訟事件手続法において有価証券無効宣言公示催告（114条〜118条，以下「有価証券公示催告」といいます。）の手続を設け，法令の規定により公示催告手続により無効とすることが認められている有価証券に関し，盗取され，紛失し，又は滅失（以下これらを総称して「喪失」ともいいます。）した場合に，このような有価証券の所持人を保護するため，除権決定により申立てに係る有価証券を無効と

し，当該証券と当該証券に表章された権利を分離させるとともに，事実上，手形であれば受取人等の最終所持人たる申立人に，振出人等の義務者との関係で，有価証券上の権利を行使する形式的資格を回復させるものです。

　ですから，その有価証券公示催告の制度趣旨からして，その対象となる有価証券は，財産的価値を有する私権を表章する証券であって，権利の移転，行使がその証券によってなされるものということになります。

　本設問にいう記名式預金小切手が，仮に指図禁止文言のある小切手であれば，指図証券に該当しないその他の記名証券となります。

　この類の証券は，証券の交付又は裏書によって当然に権利が移転するものではなく，証券の所持人をもって法律上権利者と推定するという有価証券としての積極的な作用はありません。また，善意取得が認められないので，証券の喪失によって不特定の権利者が生ずるということもあり得ません。ですから，除権決定によって証券と権利の分離の効果を生じさせる必要がないので，有価証券公示催告の手続の対象にならないと考えられます。

　なお，本設問にいう記名式預金小切手が，指図禁止小切手でない場合でも，本設問で想定している小切手の喪失の態様は，振り込め詐欺の犯人が当該小切手を持ち去った場合とされていますが，当該小切手の喪失が詐取されたことが前提となっているものと思われます。

　非訟事件手続法114条の要件としては，有価証券を喪失した原因として，「盗取され，紛失し，又は滅失した」有価証券に限定していますので，本設問の小切手の喪失が詐取であるということであれば，同条に定める有価証券の喪失原因に該当しません。

したがって，やはり，有価証券の無効宣言のための公示催告の対象にならないものと考えられます。

第11　振出人の署名がない為替手形の公示催告

> 問題11
>
> 　振出人欄及び受取人欄が白地であり，支払人名の記載があり，引受人の署名押印がある為替手形について，紛失したことを理由として，公示催告の申立てがなされた。
>
> 　上記為替手形は，公示催告の対象となるか。

回　答

本設問のような為替手形でも，公示催告の対象となります。

解　説

　振出人が署名後交付前に手形・小切手を喪失した場合（最判昭47.4.6），記名はないものの捺印をした小切手が窃取された場合（宮崎地決昭47.7.18）には，振出人が手形小切手上の責任を負うとして公示催告の申立権が認められていますが，他方で，振出人が記名したものの捺印がない約束手形や小切手はいずれも公示催告の対象にならないとの裁判例があります（大阪地決昭61.11.17，東京簡決平17.5.25）。

　これらの裁判例からすると，振出人欄に全く記入のない為替手形が公示催告の対象になるのかという疑問が生じます。

　しかし，為替手形の場合は，約束手形とは異なり，振出人には遡及義務はありますが，絶対的支払義務を負担していません。

　引受人が絶対的支払義務を負担しているのであり，引受人の署名押印後，後日，振出人兼受取人（自己宛）が受取人欄と振出人欄を補充する商慣習が広く行われています。

　最高裁判例でも，このような為替手形について公示催告が認められることを前提としたものがありますので（最二小判昭43.4.12ほか），

本設問の場合にも公示催告の申立ては許されるものと解されます。

　なお，この場合の除権決定の効力としては，喪失手形が善意の第三者に取得された場合に，手形上の責任を追及される危険を除去できるだけであり，除権決定によっても，喪失手形そのものが回復されるわけではなく，白地補充もできません。

　また，除権決定に基づき喪失手形の再発行を求めて白地補充をするということは考えられますが，これも権利として認められているとまではいえないので，結局，除権決定を得たとしても，喪失手形についての手形上の権利行使については問題が残るようです。

第12　控訴期間を徒過した控訴申立てに伴う執行停止の申立て

問題12

　Xが，Yの長男Aに対し金員を貸し付けた際に，AはYに無断
で，本件貸付につきYを連帯保証人とした。その後，Aが返済期
日までに本件貸付金を返済しなかったため，Xは，AとYを相手
どって貸金等請求訴訟を提起し，X勝訴の欠席判決（仮執行宣言
付き全部勝訴判決）を受けた。

　同判決正本は，裁判官の記名を欠いたまま，令和2年12月25日
にAとYに送達されたが，Yに対する送達はAへの同居者補充送
達であり，Aは本件貸付についてYに無断でYを連帯保証人にし
たことがYに発覚することをおそれて，同判決正本をYに渡さな
かった。

　令和3年1月20日に，同判決正本の存在を知ったYは，同月25
日に，控訴状を提出するとともに，控訴に伴う強制執行停止の申
立てをした。

　この強制執行停止の申立ては適法か。

■ 回　答

本設問の強制執行停止の申立ては適法です。

■ 解　説

1　判決書原本と一致しない判決書正本の送達

　本設問では，Y宛てに送達された判決正本に裁判官の記名がな
かったため，判決原本と一致しない同正本を送達していることとな
りますので，本来の判決正本として送達されたことになるのかが，
まず問題となります。

これに関しては，判例として「当事者に送達された判決正本と判決原本との間に多少の不一致があっても，それが敗訴当事者の上訴に関する判断の障害となったり，勝訴当事者の判決確定に関する期待を覆すこともやむを得ないとする程度の重大なものでなければ，その送達をもって判決正本の送達としてよいとして，裁判官の記名を欠いても，重大な瑕疵とはいえない」旨判示したものがあります（最判平3.4.2）。

　ですから，本設問においても，裁判官の記名を欠いた判決正本の送達という点に関しては問題ないということになります。

2　控訴期間の徒過と徒過の理由

　控訴に伴う強制執行停止の申立ての適法性の要件の一つに，控訴期間内に適法に控訴提起がなされていることが挙げられます。

　控訴提起期間は，判決正本が敗訴者に送達された翌日から起算して2週間です（民訴法285条）。

　本設問では，敗訴者たるYに判決正本が，令和2年12月25日に，Yと同居する長男Aに対する補充送達により送達が完了しています。そうすると，本来であれば，その翌日である12月26日を起算日として，2週間の間，すなわち令和3年1月8日までに控訴をしなければ，控訴自体が，控訴期間の徒過を理由に不適法却下とされますので，控訴に伴う強制執行停止の申立ても不適法却下ということになります。

　しかし，本設問では，Y宛ての判決正本の補充送達を受けたAがYに対しそれを交付せず，またその事実を知らせずにもいました。

　ですから，Yが控訴期間内に控訴をしなかったのは，いわばAの妨害というYの責めに帰することができない事由によるものであっ

たのであり（以下「不可帰責事由」という。），不可帰責事由が消滅したのは，令和3年1月20日でした。

　このような不可帰責事由が控訴及び控訴に伴う強制執行停止の申立書において主張・疎明がなされていれば，民訴法97条1項により，不可帰責事由が消滅した1週間以内に限り，不変期間内（控訴提起期間内）にすべき訴訟行為の追加ができます。

　本設問では，Yが本件判決に気付いたのが令和3年1月20日であり，この日が不可帰責事由の消滅した日ですから，その翌日である1月21日を起算日として，1月27日までが訴訟行為である本件控訴提起の追完が許される期間となります。

　本設問では，Yは令和3年1月25日に，控訴提起をしていますので，控訴提起及びこれに伴う強制執行停止の申立てはいずれも適法ということになります（東京高判平6.5.30，なお公示送達の事例につき最判平4.4.28）。

第13 強制執行停止のための共同担保

問題13

　Y運送会社の運転手Aが同社の2トントラックを運転し依頼主の荷物を積載運搬中，十字路交差点を左折進行したところ，左方道路に設けられた横断歩道を青信号に従って歩行中のXを巻き込み，Xに傷害を負わせたという交通事故について，原告Xが，運転者A及びY運送会社（Yについては使用者責任）を被告らとして損害賠償請求の訴えを提起した。

　第1審裁判所は，原告請求の損害賠償として被告らに対し連帯して100万円の支払を命ずる全部勝訴の仮執行宣言付判決を言い渡した。

　この判決に対し，被告らは，控訴を提起するとともに仮執行宣言付判決に基づく強制執行の停止を求める申立てをした。

　執行停止決定をするに当たり，担保額は70万円が相当であると認めた。

　この場合，被告らそれぞれに対し，各別の担保提供となるか，それとも，共同担保となるか。

回　答

被告A，被告Y，それぞれに担保が定められるのが原則ですが，例外的に共同担保の方法によることが認められる場合があります。

解　説

1　個別担保と共同担保の意義とそれぞれのメリット・デメリット

　本設問は，敗訴した2名の被告による控訴に伴う強制執行停止の申立てについての立担保の問題ですので，以下，これを前提に解説

します。

　個別担保とは，２名の被告が，それぞれ原告のために各別の二つの担保を供することを，共同担保とは，２名の被告全員が一括共同して，原告のために担保を供することを，それぞれ意味します。

　執行停止の申立ての相手方である原告としては，執行停止によっていずれの被告からも損害を受ける可能性がありますから，損害の賠償を被告らそれぞれに対して請求する可能性があるといえます。

　また，控訴審において被告らに対する判断が分かれる可能性もないとはいえないので，損害賠償請求権発生の有無やその程度，担保取消しの事由も各別に異なることが想定されます。

　以上のことからすれば，原則どおり各別に担保を定める個別担保の方が妥当とも考えられます。

　しかしながら，第一審の認容額100万円を基準に，担保額について70万円が相当であると認めた本設問において，各被告にそれぞれ満額である70万円を担保額とすると，その合計額が140万円となり，認容額の100万円を大幅に超える担保を積ませることになります。

　他方で，担保額の70万円を案分して，Ｙ，Ａにそれぞれ35万円と定めるとすると，本設問のような場合は，通常，雇い主であるＹの方がＡよりも資力があると思われるので，こうした資力格差がある場合，原告の損害の担保という趣旨からして単純な案分でよいのか疑問のあるところであり，いずれの個別担保の方法も一長一短があります。

　このような問題を回避する方法として，上記の共同担保とすることが考えらます。

　この方法によれば，被告のうち１名に対する損害賠償請求権で

あっても，共同担保物全部の上に担保権を取得することとなり（裁判所としては共同の担保として70万円と定めればよい。），原告にとっては有利になります。

その反面，被告らには，それぞれ自己のみならず他方の被告の原告に対する担保取消決定がいずれも確定しないと担保を取り戻すことができないという不利益があります。

2　実際の処理において共同担保とした理由

本設問に関し，実際に取り扱った事案においては，被告らには共通の弁護士が代理人として付いており，訴訟において使用者責任の有無自体は争点となっていなかったため，被告らの間で控訴審の結論が異なってくる可能性は少ないと考えられました。

したがって，被告らが担保取消しに関する上記の不利益を了解している場合には，共同担保とすることが許されるものと思われました。

そこで，本設問の事例においては，申立人代理人に対し，共同担保の不利益を含めて説明したところ，了解を得ましたので，共同担保の形で担保決定をすることとなりました。

決定の文言としては，「被告らは，共同の担保として金70万円を7日以内に供託しなければならない。」となりました。

第14　担保を立てたことの証明が遅れた場合の措置

> **問題14**
>
> 　控訴に伴う強制執行停止の申立てがあり，7日以内に担保を提供する旨の担保決定をしたが，担保提供義務者である申立人は，裁判所が定めた担保提供期間内である7日目に担保を供託した。しかし，申立人は，同期間を1日経過して8日目に，裁判所に対して，供託書正本を提出して担保を供託したことを証明した。この場合，適法な担保提供があったと取り扱ってよいか。

■ 解　説

1　「担保提供があった」といえる時点はいつか

　申立人である担保提供義務者が，裁判所の担保決定に従って，その担保提供期間内に担保を供託しても，そのことだけでは，裁判所は，直ちにその事実を知ることはできません。

　そこで，担保提供義務者は，担保の供託であれば供託書正本を，支払保証委託契約（いわゆる「ボンド」）であれば銀行等の金融機関の発行する保証書を，裁判所に提出するなどして（以下，単に「供託書正本」として説明します。），担保を提供したことを証明する必要があります。

　裁判所は，担保の提供を命ずる場合，その金額とともに担保を立てるべき期間を定めることになりますが（民訴法75条5項），その期間内に供託を完了すればよいのか，それとも供託をした上でそれを裁判所に証明することまでが要求されているのかですが，これに関しては，昭和54年に民執法が制定される以前には，供託の時点ではなく，供託書正本を裁判所に提出したときに担保提供をしたこと

になると解されていました。

　しかし，裁判所が供託書正本を保管しなければならない理由が薄弱である等の理由から，民執法施行後は，民執法のみならず，同法に関連する法律の整備法によって，民訴法上の担保も含めて供託した時点で担保提供があったこととし，裁判所に対する供託書正本の提出を要しないものとされました。

　ただ，供託書正本の提出を要しないとはいっても，実際の実務の取扱いは，一旦供託書正本とその写しを提出してもらい，これらを照合の上，正本を返還し，写しのみを保管しています。ですから，現在は，理論的には，供託した時点をもって「担保の提供があった」ものというべきであり，裁判所が定めた担保提供期間内に供託がされていれば，期間が遵守されたことになるものと解されますが，前述したとおり，期間内に供託されたかどうかは，裁判所に対し，供託書正本が提出されることによってそれが証明されたときに初めて判明するのですから，期間内に証明がされない以上，裁判所としては，担保が提供されていないものとして取り扱うほかはないわけです。そうしたことから，実務上は，担保提供義務者に対し，担保提供したことの証明を担保提供期間内にするよう伝えています。

2　裁判所に対する証明が期間経過後に行われた場合

　担保提供義務者が担保を立てるべき期間内にこれを立てないときは，申立てを却下すべきことになります。ただし，却下する前に担保が立てられたときは却下できません（民訴法78条。民事保全手続に関していえば，民保法4条は，担保の提供について民訴法77条，79条及び80条を準用しているのに対し78条は準用していませんが，同条の類推適用により保全命令申立てを却下できるものと解されて

います。)。

　そうすると，担保提供期間内に証明がされなかったため，担保提供がなかったとして申立てを却下したら，その後に供託書正本が提出され，期間内に供託がされていたことが判明したというようなことも，理論的には起こりうるわけですが，本設問のような控訴に伴う執行停止の申立てに関しては，認容・却下いずれの裁判についても不服を申し立てることができないとされています（民訴法403条2項）。ですから，当初の裁判の後に事情の変更がある場合について考えられる方法としては，再度の執行停止申立てしかないのではないかと思われます。

　以上のような問題点が理論上は考えられますが，現実には，期間を1日くらい経過しただけで直ちに却下するということは，通常，行われていません。本設問のように裁判所に対する証明が1日遅れたとしても，供託は期間内に行われていたというのであれば，通常は適法な担保提供があったものとして取り扱って落着しているものと思われますし，それで何ら問題ないと考えられます。

　そもそも，保全命令や執行停止の申立人としては，なるべく早く決定を得る必要があり，そのためには早急に供託をして裁判所に供託正本を提出しようという動機が強いはずですから，供託ができたのにその証明が期限に遅れるということ自体，それほど多く起こりうることではないと思われます。

　何らかの事情によって，期間経過後に供託された場合であってさえ（この場合は，担保提供期間を遵守したことにはなりませんが），却下決定前に裁判所に対して供託書正本等が提出されたら，担保不提供を理由に却下することはできません（民訴法78条ただし書，保

全命令に関しては，その類推適用）。ですから，実際には，担保提供期間内に供託したのに証明が遅れたため，申立てが却下されてしまったというような事態は，極めて起こりにくいものと思われます。

3 　民事保全事件における実際の取扱例

　　民事保全事件の担保に関しては，担保提供期間経過前に期間延長申請があり，正当な理由が認められるようであれば，1週間を限度として，1回だけ期間の延長をする取扱例があります。

　　また，担保提供期間内に担保提供がなされていても，保全の緊急性等の趣旨に反する程度の日数を経過してから裁判所に証明文書を提出した場合には，保全の必要性等について改めて検討するため，再面接をするか，遅れたことに正当な理由があることを記載した書面の提出を求める必要があるとされています。

　　これらのうち，期間延長申請等の取扱いについては，執行停止申立ての場合においても採用することが可能ではないかと考えられ，また，期間経過の場合に保全の必要性等を再検討すべきという点については，執行停止の判断に当たって留意すべき事項として参考になるものと思われます。

第15　和解に基づく担保取消

> 問題15
>
> 　控訴に伴う執行停止のために提供した担保について，控訴審での和解調書を添えて，民訴法79条１項（担保の事由が消滅した。）に基づく担保取消しの申立てがあった。
>
> 　和解調書には担保に関する条項はなく，和解全体の趣旨は勝訴的和解とは解されないものであった。
>
> 　このような場合に，清算条項があることなどを理由として権利行使催告を行うことなく，担保の事由が消滅したとして担保取消決定をすることができるか。

■ 回　答

　実務的には，民訴法79条１項で担保取消を認めていることが多いようです。

　当事者代理人らとしては，こうした疑義を招かないうように，関連事件として保全事件や強制執行停止事件等の有無やその事後処理の合意についてしっかり調整の上，合意を形成しておく必要があります。

■ 解　説

　本設問は，控訴に伴う強制執行停止のための担保取消の問題ですが，これに類する保全命令の担保に関しては，本案訴訟で和解や調停が成立した場合については，保全命令による債務者の損害の賠償につき，特別の定めや留保が付されていない限り，担保の事由が消滅したものとみてよいと解されており，その趣旨に沿う裁判例もあります（いずれも保全命令の担保に関するもの。仙台高決昭33.4.22，名古屋高決昭和53.3.9，東京高決昭和60.10.29）。この趣旨は，控訴に伴う強制

執行停止における担保に関しても，同様に解して支障がないと思われますので，本設問の担保取消決定については，79条1項で担保取消を認めても，おおむね問題はないものと思われます。

　ただ，少し気になる点としては，通常，和解で担保取消しが意識される場合には，担保権利者が担保取消しに同意する旨の条項が定められていることが多いですから，逆にいうと，このような同意条項が定められていない場合には担保取消しが意識されていない可能性もあり，担保権利者が損害賠償請求権を留保しているような特別の事情がない，とか，包括的清算条項があるとかいうような事情だけで，一律に担保の事由が消滅したと認めるのは困難ではないかと解する考え方もあるようです。

　こうした見解もありますが，冒頭の回答でも述べたとおり，担保の取消に同意するなどの条項がないからといって，実務上は，97条1項による取消を全く認めないということにはならないようです。

　しかし，まずはこうした疑義が生じないようにするためにも，和解成立に当たっては，当事者代理人らにおいて，本案事件と関連の事件である保全事件や強制執行停止事件等の有無やその事後処理について調整して明確な合意の形を示しておくことが必要だといえるでしょう。

著者略歴　　恩田　剛
　　　　　　おんだ　つよし

　昭和39年10月16日生まれ，日本大学法学部法律学科卒業，平成10年
4月東京地方裁判所民事部書記官，平成20年8月東京簡易裁判所判事，
平成23年3月伊賀簡易裁判所判事，平成25年3月東京簡易裁判所判事，
平成28年3月柏崎簡易裁判所判事，平成31年3月東京簡易裁判所判事，
現在に至る。
主要著書・論文等
「借地借家関係　借地借家制度の概要及び借地借家契約の更新（調停
時報174号）」（民事調停協会連合会）
「裁判と法律あらかると」（平成27年，司法協会）
「スマホはレンジにしまっとけ─続 裁判と法律あらかると」（2019年，
司法協会）

民事保全・証拠保全等プラクティス

2021年3月　第1刷発行

　　著　　者　　恩　田　　　剛
　　発 行 人　　井　上　　　修
　　発 行 所　　一般財団法人 司　法　協　会
　　　　　　　　〒104-0045 東京都中央区築地1-4-5
　　　　　　　　第37興和ビル7階
　　　　　　　　出版事業部
　　　　　　　　電話（03）5148-6529
　　　　　　　　FAX（03）5148-6531
　　　　　　　　http://www.jaj.or.jp

落丁・乱丁はお取替えいたします。　　印刷・製本／モリモト印刷株式会社
ISBN978-4-906929-86-3　C3032　￥2000E